STOIKER

FÜR ALLE LEBENSLAGEN

Seneca · Epiktet · Mark Aurel

Stoiker

für alle Lebenslagen

PETERSBERG

PETERSBERG
ist ein Imprint der

HEEL Verlag GmbH
Gut Pottscheidt
53639 Königswinter
Tel.: 02223 9230-0
Fax: 02223 9230-13
info@heel-verlag.de
www.heel-verlag.de

2. Auflage 2025
Petersberg ist ein Imprint der HEEL Verlag GmbH

Printed in Czech Republic

ISBN 978-3-7553-0059-5

INHALT

VORWORT

Die stoische Lehre ist heute, knapp 2300 Jahre nach ihrer Entstehung, noch immer eine wichtige und einflussreiche Philosophierichtung, die auch für jene zugänglich ist, die sich von Theorie und Sprache anderer philosophischer Strömungen abschrecken lassen.

Als Begründer der Stoa gilt der griechische (hellenistische) Philosoph Zenon von Kition, der sich mit seinen Schülern in der »Stoa pikile« traf – einer Säulenhalle, die der philosophischen Denkschule ihren Namen gab. Seine Werke sind nicht erhalten geblieben, die meisten Informationen über seine Ideen kann man dem Werk von Diogenes Laertios entnehmen, der im dritten Jahrhundert ein zehnbändiges Kompendium über die Philosophen und die Philosophie der Antike erstellt hat.

Bekannter als die frühen Stoiker sind heute die römischen Philosophen Epiktet und Seneca, von welchem zahlreiche Aussagen überliefert sind, sowie Mark Aurel (Marcus Annius Catilius Severus, Marcus Aurelius), dem römischen Kaiser zwischen 161 und 180, der ebenso zu den Vertretern der jüngeren Stoa zählt.

Der Zugang zur stoischen Philosophie steht allen offen, wer sich darauf einlässt, lernt, seine Lebensqualität zu verbessern. So gibt es für die Stoiker ein vorbestimmtes Schicksal, doch mit Verstand und Vernunft ist es möglich, das Leben zu lenken, um ein glückliches und erfülltes Dasein zu erlangen. Statt sich ständig mit dem »Hätte« oder »Wäre« zu beschäftigen, nehmen die Stoiker ihr Schicksal an und versuchen, in diesem Rahmen die Tugenden zu schulen und ein rechtschaffenes Leben zu führen. Dabei streben sie nach Weisheit, Gelassenheit und Seelenruhe, die sie durch Selbstbeherrschung und ethisches Denken erreichen können. Gerechtigkeit, Hilfe für andere, Moral und die Macht über die Triebe sind dabei nur einige Grundtugenden, deren Ausübung zu höchstem Glück führen. Gleichzeitig nehmen sie Dinge wie Besitz, Körpergröße oder Gesundheit so an, wie sie ihnen gegeben wurden.

Das Christentum übernahm ethische und moralische Denkweisen aus der stoischen Philosophie, zahlreiche nachfolgende Philosophen wurden durch sie beeinflusst. Seneca gehört bis heute zu den meistgelesenen Philosophen, da seine Ideen so einfach, so praxisnah und menschlich umzusetzen sind. In einer Welt, in der man über das Internet in kürzester Zeit Informationen, Modetrends und Musik, aber auch Lügen, Gewalt und politische Beeinflussung verbreiten kann, ist das Bestreben, sich mit Vernunft und ohne Stress einer Sache widmen zu können, wichtiger denn je. Nicht die Aussage einer fiktiven Masse erzeugt Wahrheit, genauso wenig wie der Glaube an einen allwissenden politischen oder religiösen Führer. Erst das Abwägen, die Reflexion und die Bereitschaft, sich verschiedenen Meinungen zu öffnen und unterschiedliche Sachverhalte und Elemente wahrzunehmen, kann dazu führen, ein klares und richtiges Urteil zu fällen. Und wenn man falsch liegt, ist die größte Leistung, sich dies einzugestehen und die daraus gezogenen Schlüsse anzupassen.

In diesem Band sind, nach »Gelegenheiten« sortiert, die wirkungsmächtigsten Zitate der römischen Stoiker versammelt. Anmerkungen erläutern, wie man diese in den Alltag integrieren kann. Die Weisheiten der Stoiker sind heute noch genauso aktuell wie damals und können hilfreich bei der Bewältigung von Problemen sein oder als Anregung in verschiedensten Lebenssituationen dienen. So kann dieses kleine Büchlein auf dem Nachttisch oder bei der Arbeit immer wieder herangezogen werden, wenn die Gedanken um sich selbst kreisen oder man dem eigenen Richtungszeiger nicht mehr vertraut. Wort für Wort, Schritt für Schritt lassen sich trotz aller äußeren Belastungen negative Emotionen dank der lebenspraktischen Philosophie der Stoiker leichter verarbeiten und schöne Momente bewusster genießen.

NUTZE DEINE ZEIT

Folge meinem Rat, widme dich dir selbst, halte deine Zeit zusammen und hüte sie; du hast sie dir bisher entweder geradezu wegnehmen oder heimlich entwenden oder auch nur entschlüpfen lassen. Glaube mir, es ist so, wie ich schreibe: Ein Teil unserer Zeit wird uns offen geraubt, ein Teil uns heimlich entzogen, und ein dritter verflüchtigt sich. Am schimpflichsten aber ist derjenige Verlust, der auf Rechnung der Nachlässigkeit kommt.

Seneca, Briefe an Lucilius

Wer jung ist, möchte älter werden, wer sich in seinen Dreißigern befindet, möchte nicht älter werden, und wer alt ist, möchte wieder jung sein. Scheinbar beschäftigt sich der Mensch immer wieder damit, was gestern hätte sein können oder morgen sein wird, statt im Moment zu leben. Jede Minute, die man darüber nachdenkt, ist eine verschenkte Minute. Es gibt Zeit, die wir dafür verwenden müssen, unser Leben zu organisieren, zu lieben, zu arbeiten, zu feiern oder zu trauern, es gibt aber auch Zeit, die wir vergehen lassen, ohne sie achtsam genutzt zu haben. Wir lassen sie uns rauben, wir lassen sie vergehen und jammern später, dass wir die Zeit verschwendet haben. Übernehmen wir also Verantwortung für die Zeit, die wir haben, und nutzen sie für die Dinge, die wir gerne machen, immer im Rahmen der Möglichkeiten, die uns gegeben wurden.

Lass keine Stunde ungenutzt vorübergehen. Nimm den heutigen Tag voll in Beschlag, dann wirst du weniger von dem folgenden abhängig sein. Mit dem Aufschieben lassen wir das Leben nur enteilen.

Seneca, Briefe an Lucilius

Viele Menschen haben das Gefühl, dass sie nicht über ihre Zeit verfügen können. Doch ist das tatsächlich so? Was treibt uns Menschen an, wie gehen wir mit Arbeit um, was bedeutet Freizeit? Oft schieben wir unangenehme oder anstrengende Sachen auf und sorgen so selbst für einen Berg, den wir vor uns herschieben. Stattdessen sollten wir die Dinge anpacken und, wenn wir sie erledigt haben, das Erreichte genießen.

Ihr lebt, als würdet ihr immer leben; niemals werdet ihr eurer Gebrechlichkeit euch bewusst; ihr habt nicht acht darauf, wie viel Zeit bereits vorüber ist; ihr verschwendet sie, als wäre sie unerschöpflich, während inzwischen gerade der Tag, der irgendeinem Menschen oder einer Sache zuliebe hingegeben wird, vielleicht der letzte ist. Ihr fürchtet alles, als wäret ihr nur sterblich; ihr begehrt alles, als wäret ihr auch unsterblich.

Seneca, Von der Kürze des Lebens

»Ich arbeite jetzt viel, um für morgen genug Geld zu haben, dann kann ich machen, was ich will.« Einige schaffen dies, doch werden sie glücklich, indem sie ihr junges Leben für etwas hergeben, was sie, wenn sie älter sind, vielleicht gar nicht mehr machen können? Andere wiederum können sich nicht mehr am Morgen erfreuen, sie haben sich umsonst kaputtgeschuftet. Wir arbeiten, um unseren Lebensunterhalt zu verdienen, doch wir sollten arbeiten, um uns zu verwirklichen, unseren Platz im Leben einzunehmen. Und dabei kommt es nicht darauf an, ob wir Müll entsorgen oder mit Millionen jonglieren, alles hat einen Zweck und dient der Allgemeinheit. Wenn wir uns aber ständig darauf konzentrieren, was in der Zukunft sein wird, verpassen wir die Gegenwart. Und wenn wir Pech haben, erleben wir die von uns erträumte Zukunft nicht mehr. Und das, was wir dann noch machen können, wird wahrscheinlich nicht das sein, was wir uns in jungen Jahren vorgestellt haben.

SEINEN PLATZ IM LEBEN FINDEN

Nirgends ist, wer überall ist.

Seneca, Briefe an Lucilius

Manch einer tanzt auf vielen Hochzeiten, aus Furcht, etwas zu verpassen. Doch dabei verliert man möglicherweise sich selbst aus den Augen. Die Stoiker haben eine recht allgemeine Auffassung von der Zugehörigkeit zu einer Gemeinschaft. Sie befürworten eine individuelle Lebensweise, die sich nicht auf politische oder soziale Strukturen konzentriert. Die Idee der Heimat im Sinne von Nationalität oder Staatszugehörigkeit steht für die Stoiker daher nicht im Vordergrund. Stattdessen betonen sie eine universelle Brüderlichkeit und das Streben nach einer tugendhaften Lebensführung unabhängig von geografischen Grenzen. Heimat kann auch eine geistige Heimat sein, die man mit anderen teilt. Sie ist aber immer in einer Gemeinschaft zu finden.

Was die Philosophie an erster Stelle verspricht, ist Gemeinsinn, Leutseligkeit und Zusammenschluss.

Seneca, Briefe an Lucilius

Die Stoiker legen großen Wert auf den Gemeinsinn (auch als Gemeinwohl oder das Wohl der Gemeinschaft bezeichnet) und die Leutseligkeit (Freundlichkeit oder Wohlwollen gegenüber anderen). Diese Prinzipien sind zentral für ihre Philosophie und ihre Vorstellung von einem erfüllten und tugendhaften Leben. Der Gemeinsinn bezieht sich auf die Idee, dass das Wohl der Gemeinschaft über dem individuellen Interesse stehen sollte. Die Stoiker glauben, dass wir als soziale Wesen in einer Gemeinschaft leben und dass individuelles Glück und persönliche Erfüllung eng mit dem Wohl der Gesellschaft verbunden sind.
Für die Stoiker bedeutet Gemeinsinn, sich für das Wohl anderer einzusetzen, mitfühlend zu sein und sich um das Gemeinwohl zu kümmern. Der Einzelne soll für das größere Ganze einstehen und sich nicht nur auf das eigene Wohlergehen konzentrieren. Er selbst soll seinen eigenen

Platz innerhalb der Gemeinschaft erkennen und annehmen. Gemeinsinn bedeutet auch, Verantwortung für die Gesellschaft zu übernehmen und einen Beitrag zur Verbesserung des Lebens anderer Menschen zu leisten. Leutseligkeit oder Freundlichkeit ist für die Stoiker ein wichtiger Ausdruck von Tugendhaftigkeit und moralischer Integrität. Sie betonen, dass es wichtig sei, freundlich und mitfühlend gegenüber anderen zu sein, unabhängig von deren sozialen oder politischen Positionen. Die Stoiker ermutigen zu einem respektvollen Umgang miteinander, zu gegenseitiger Unterstützung und Zusammenarbeit. Epiktet sagt: »Bleibe leutselig gegenüber denen, die dich beleidigen, und du wirst dich wundern, wie wenig du ihre Meinung fürchtest.«

Die Philosophie der Stoiker lehrt uns also, dass nicht die Einsamkeit erstrebenswert ist, sondern das Zusammenleben mit anderen. In Harmonie und Frieden mit der Gemeinschaft zu leben, eröffnet uns die Möglichkeit, ein erfülltes Leben zu führen.

BESITZ

Ohne einen Genossen gibt es keinen erfreulichen Besitz irgendwelchen Gutes.

Seneca, Briefe an Lucilius

Für die Stoiker sind materielle Güter und äußerer Reichtum nicht der Schlüssel zum Glück und zur Erfüllung. Sie raten dazu, nicht an Besitztümern zu hängen und sich nicht von äußeren Umständen abhängig zu machen. Wahres Glück und Erfüllung finden sie in der inneren Zufriedenheit, die durch die Entwicklung von Tugend und Weisheit erreicht wird. Freundschaft ist für die Stoiker hingegen von großer Bedeutung, da sie eine harmonische Beziehung zwischen den Menschen anstreben. Sie betrachten wahre Freundschaft als eine Beziehung, die auf gegenseitigem Respekt, Tugend und moralischer Integrität basiert. Eine echte Freundschaft ist für die Stoiker eine Verbindung zwischen Menschen, die sich gemeinsam auf den Weg zur Tugend begeben und sich gegenseitig bei der moralischen Entwicklung unterstützen.

Der Mensch ist ein soziales Wesen, das Miteinander macht uns reicher. Wir ergänzen uns, wir gleichen uns, wir lernen voneinander, wir erleben das Leben anderer. Erst, indem man seinen Besitz mit Freunden teilt, erfährt man Freude, und geteilte Freude ist doppelte Freude.

Wohlgemerkt: Ein Strohdach deckt die Menschen ebenso gut wie eines aus Gold.

Seneca, Briefe an Lucilius

Was ist Reichtum? Wenn Menschen kein Dach über dem Kopf oder nicht genug zu essen haben, sind ein Zelt und ein Stück Brot mehr wert als eine teure Küche mit Zusatzfunktionen, die das Essen auch nicht besser machen, oder ein schnelles Auto, das selbst fährt und als rollendes Heimkino genutzt werden kann.

Was bringt es uns, das größte Haus in der Straße zu haben? Gier und Neid, Angeberei und Größenwahn sind verlässliche Partner der Unvernunft. Wer prahlt, erkennt nicht einfache Notwendigkeiten. Statt unser

Dach mit Gold zu decken, sollten wir denen helfen, die kein Dach haben. Statt uns über andere zu stellen, sollten wir uns zu ihnen gesellen. Mit Besitz und Reichtum dürfen wir nicht verschwenderisch umgehen, Bescheidenheit ist eine Tugend.

HÄLTST DU DAGEGEN NUR DAS FÜR DEIN EIGENTUM, WAS DU WIRKLICH DEIN EIGEN NENNEN KANNST, UND BETRACHTEST DAS FREMDE ALS FREMD, SO WIRD DICH NIEMAND JEMALS ZWINGEN ODER HINDERN; DU WIRST NIEMANDEN ANKLAGEN ODER BESCHIMPFEN, UND NICHT DAS GERINGSTE MIT WIDERWILLEN TUN; NIEMAND KANN DIR SCHADEN; DU WIRST KEINEN FEIND HABEN, UND NICHTS, WAS DIR NACHTEILIG SEIN KÖNNTE, WIRD DIR BEGEGNEN.

EPIKTET, HANDBÜCHLEIN DER STOISCHEN MORAL

Laut Epiktet ist nur unser Eigentum, was aus uns selbst kommt, was in unserer Macht steht: unsere Meinung, unsere Begierde oder unser Widerwille. Dinge, die von außen kommen, können niemals unser Eigentum werden. Wir können sie kurz innehaben, sie können uns aber auch genommen werden. Unsere Arbeit, unser Geld, unser weltlicher Besitz – alles flüchtige Momente, die uns vorübergehend überlassen worden sind. Unser Selbst, unsere Gedanken kann uns aber niemand nehmen. Je weniger materielle Dinge wir besitzen, desto freier und weniger angreifbar sind wir.

GLÜCKLICH LEBEN

WIE GLÜCKLICH AUCH DER, DER EINEM ANDEREN MIT SO VIEL EHRFURCHT ERGEBEN IST, DASS DIE BLOSSE ERINNERUNG AN IHN GENÜGT, UM DAS EIGENE INNERE NACH SEINEM VORBILD ZU GESTALTEN UND ZU REGELN.

SENECA, BRIEFE AN LUCILIUS

Seneca offenbart in seinen zahlreichen Briefen, was er für Glück hält. Die Stoiker orientieren sich an Vorbildern, um ihre eigene moralische Entwicklung und ihren Weg zur Tugendhaftigkeit zu fördern. Tugendhafte und weise Menschen dienen ihnen als Quelle der Inspiration. Die Stoiker nehmen die Lebensweise ihrer Vorbilder als Maßstab für ihr eigenes Handeln. Sie fragen sich, wie ihre Vorbilder in bestimmten Situationen gehandelt hätten, so können sie ihre eigenen Entscheidungen reflektieren und die moralisch bessere Wahl treffen.
Glücklich ist, wer sich in Zeiten der Herausforderung oder Unsicherheit auf ein Vorbild berufen kann, um den richtigen Weg zu finden und inneren Frieden zu bewahren. Glück kann auch bedeuten, sich verbessern zu wollen, indem man seinem Vorbild nacheifert. Vorbilder können glücklich machen, wenn sie uns eine neue Seite zeigen, die nachahmenswert ist. Und wie glücklich muss man sein, wenn man selbst ein Vorbild für andere ist?

DER IST DER GLÜCKLICHSTE UND DER UNBEDINGT SICHERE HERR SEINER SELBST, DER DEM MORGIGEN TAG OHNE BANGEN ENTGEGENSIEHT. WER SAGEN KANN: »ICH HABE GELEBT«, DER ERHEBT SICH TÄGLICH ZU NEUEM GEWINN.

SENECA, BRIEFE AN LUCILIUS

Wir wünschen anderen einen »guten Tag«, wenn wir sie treffen und grüßen. Es scheint nur ein dahingeworfener Gruß zu sein, doch es ist ein Wunsch, dass der andere einen guten Tag haben möge. Warum wünschen wir ihn nur anderen, wenn wir selbst auch versuchen sollten, einen guten

Tag zu haben? Einen Tag, der, sollte er auch enden, mit voller Energie gelebt worden ist. Einen Tag, an dem man abends keine Angst vor dem nächsten Morgen haben muss, sondern sich darauf freuen kann. Das bedeutet nicht, nur Dinge zu tun, die man gerne macht, sondern dass wir die Sache, die wir anpacken, mit vollem Bewusstsein und voller Kraft tun. Für die Stoiker liegen wahres Glück und Erfüllung in der Annahme der gegenwärtigen Realität. Es ist wenig sinnvoll, sich auf das Glück am nächsten Tag oder in der Zukunft zu verlassen, da das Glück nicht von äußeren Umständen abhängen sollte.
Was macht also einen guten Tag aus? Das bewusste Erleben des Augenblicks.

WAS ICH DIR MAHNEND ANS HERZ LEGE, IST DIESES: SEI NICHT UNGLÜCKLICH VOR DER ZEIT; DENN WAS DU ALS DROHENDES UNHEIL FÜRCHTEST, WIRD VIELLEICHT NIEMALS EINTRETEN, IST JEDENFALLS NOCH NICHT EINGETRETEN. MANCHES QUÄLT UNS ALSO MEHR, ALS ES SOLLTE; MANCHES QUÄLT UNS FRÜHER, ALS ES SOLLTE; MANCHES WIEDERUM QUÄLT UNS, OHNE DASS ES UNS ÜBERHAUPT QUÄLEN SOLLTE.

SENECA, BRIEFE AN LUCILIUS

Ein besonderer Aspekt, der immer wieder in Senecas Schriften auftaucht, ist die falsche Angst vor der Zukunft, die in letzter Konsequenz unsere Gegenwart trübt. Wer sich ständig Gedanken macht, was morgen Schlimmes passieren könnte, wird keinen glücklichen Tag haben. Wer nur über negative Auswirkungen dieser oder jener Veränderung nachgrübelt, macht sich unnötig unglücklich. Statt eine Minute, eine Stunde oder einen Tag voll zu genießen, jammern wir aus Angst vor dem, was kommen mag. Was ist, wenn wir am nächsten Tag aufwachen und das Befürchtete nicht eingetreten ist? Das Leben hat Höhen und Tiefen, es gibt Zeiten des Glücks und des Unglücks, aber wir sollten das Schicksal, so gut es geht, selbst in die Hand nehmen, und kein Unglück sehen, wo keines ist.

Glücklich kann derjenige genannt werden, der weder von Begierden noch von Furcht erregt wird, wohlverstanden dank seiner vernünftigen Einsicht.

Seneca, Briefe an Lucilius

Für die Stoiker weisen Einsicht und Weisheit den Weg zum wahren Glück. Durch die Entwicklung eines rationalen und tugendhaften Charakters kann man ein erfülltes Leben führen, unabhängig von äußeren Umständen. Einsicht hilft, die Dinge zu akzeptieren, die außerhalb unserer Kontrolle liegen, und gelassen mit den Unwägbarkeiten des Lebens umzugehen. Die Stoiker lehren, sich auf das zu konzentrieren, was in unserer Macht liegt nämlich unsere Einstellungen und Handlungen.
Wenn wir also verstehen, dass die bloße Begierde uns nicht glücklich machen kann, wenn wir verstehen, dass Angst uns unglücklich macht, wenn wir verstehen, dass es an uns selbst liegt, Dinge zu verändern, dann sind wir weise genug, ein glückliches Leben führen zu können. Schaffen wir es, uns von Begierde und Furcht zu befreien, können wir uns den Dingen widmen, die uns glücklich machen. Es ist letztendlich eine Sache der Übung.

Das glückliche Leben gründet sich auf ein richtiges und sicheres und keinen Schwankungen unterliegendes Urteil. Nur dann nämlich ist der Geist rein und aller Übel ledig, wenn er nicht nur gegen Lästerungen gefeit ist, sondern auch gegen Nadelstiche, fest entschlossen, nicht zu weichen von der Stelle, wo er einmal Fuss gefasst hat, und seinen Platz gegen jede Wut und Feindseligkeit des Schicksals zu verteidigen.

Seneca, Briefe an Lucilius

Hat man erkannt, was für ein glückliches Leben wichtig ist, hat man einen großen Schritt gemacht. Dennoch gibt es Situationen, in denen wir wanken, uns nicht mehr von den Tugenden leiten lassen und uns auf Angriffe von außen einlassen. Doch glücklich werden wir erst, wenn wir diesen Dingen Einhalt gebieten können, wenn wir sie nicht an uns heranlassen und wir uns voll und ganz auf die Erkenntnis konzentrieren, dass unsere Weisheit uns den richtigen Weg weisen wird. Reagieren wir also gelassen auf die »Nadelstiche« und »Lästerungen«, unsere Vernunft führt uns zur inneren Ruhe und gibt uns Sicherheit, dass weder unsere Zweifel noch die Zweifel anderer berechtigt sind.

GLÜCKLICH IST NUR, WER IM BESITZE GESUNDEN URTEILS IST, GLÜCKLICH IST NUR, WER MIT SEINER LAGE, WELCHER ART SIE AUCH SEIN MAG, ZUFRIEDEN IST UND IN EINTRACHT MIT SEINEN VERHÄLTNISSEN LEBT; GLÜCKLICH IST NUR DER, DESSEN GANZE LEBENSLAGE SICH DER BILLIGUNG DER VERNUNFT ERFREUT.

SENECA, BRIEFE AN LUCILIUS

Die Stoiker betonen die Wichtigkeit, aufgrund vernünftiger Überlegungen Entscheidungen zu treffen und zu handeln. Eine gesunde Urteilskraft erfordert daher, nicht von Emotionen oder Impulsen beherrscht zu werden, sie basiert auf klaren Wertvorstellungen und ethischen Prinzipien. Wir sollten die Dinge stets objektiv und rational betrachten, ohne uns von Vorurteilen oder vorgefassten Meinungen leiten zu lassen. Die gesunde Urteilskraft zeichnet sich durch die Fähigkeit aus, die Realität ohne Verzerrung oder Illusionen zu erkennen. Sie ermöglicht es, das Unvermeidliche zu akzeptieren und angemessen mit widrigen Umständen umzugehen. Wenn wir die Dinge annehmen, die außerhalb unserer Kontrolle liegen, können wir uns auf das konzentrieren, was wir beeinflussen können. Das ermöglicht uns, verschiedene Perspektiven und Sichtweisen zu erkunden. Dies kann uns helfen, offen für neue Ideen und Erfahrungen zu sein und unseren Horizont zu erweitern.

LIEBE UND FREUNDSCHAFT

HABE ICH ETWAS GEMEINNÜTZIGES GETAN? NUN, DANN HABE ICH ES AUCH FÜR MICH GETAN. DIESEN GEDANKEN HABE STETS VOR AUGEN UND HÖRE NIEMALS DAMIT AUF.

MARK AUREL, SELBSTBETRACHTUNGEN

Nach stoischer Ansicht ist es eine moralische Pflicht, anderen Menschen in Zeiten der Not oder des Leids zu helfen. Aber auch ohne Ausnahmesituation strebt der Stoiker danach, seine Mitmenschen zu verstehen und ihnen auf angemessene Weise zu begegnen.
Was können wir tun, damit es anderen gut geht? Das ist von Person zu Person verschieden. Doch wann immer man Menschen hilft, hilft man sich selbst noch mehr. Güte und Mitgefühl sind Tugenden, die ein erfülltes Leben möglich machen. Andere zu unterstützen und ihnen wohlwollend verbunden zu sein bedeutet gleichzeitig, dass man stark genug ist, zu helfen und ein Gleichgewicht herzustellen, das der ganzen Gemeinschaft zugutekommt. Unsere Fähigkeiten stellen wir in den Dienst der Gemeinschaft und gewinnen dadurch selbst an Zufriedenheit und Glück.

DER PHILOSOPH ATTALUS PFLEGTE ZU SAGEN, ES SEI REIZVOLLER, EINEN FREUND ZU GEWINNEN, ALS EINEN ZU HABEN, WIE ES FÜR DEN KÜNSTLER REIZVOLLER SEI ZU MALEN, ALS GEMALT ZU HABEN.

SENECA, BRIEFE AN LUCILIUS

Freunde sind für Seneca ein kostbarer Schatz, eine vertrauensvolle soziale Gemeinschaft. Sie zu gewinnen erfordert Zeit und Engagement. Das Gewinnen eines Freundes bedeutet Arbeit: Man muss authentisch und aufrichtig sein, vertrauensvoll und großzügig. Auch muss man bereit sein, auf die Gefühle der anderen einzugehen, zu geben und nicht nur zu nehmen. Erst dann ist man in der Lage, eine echte und ehrliche Freundschaft zu pflegen.

Die Haltung der Stoiker geht aber weiter: Echte Freundschaft ist ein Gut, das nicht aufgegeben werden darf, für das man sich stetig einsetzen muss. Eine Freundschaft hält eine lange Zeit und wird nicht von kleineren Unstimmigkeiten auseinandergerissen, solange man das gegenseitige Vertrauen immer wieder aufs Neue gewinnt.

WILLST DU GELIEBT SEIN, SO LIEBE!

SENECA, BRIEFE AN LUCILIUS

Seneca betont die Bedeutung der Liebe, warnt aber auch vor den Gefahren, die mit übermäßiger Leidenschaft und unkontrollierter Liebe einhergehen können. Er mahnt zur Selbstbeherrschung und rät dazu, die Vernunft zu nutzen, um die eigenen Emotionen zu lenken. Auch wahre Freundschaft ist für Seneca eine Form der Liebe. Sie basiert auf gegenseitigem Respekt, Vertrauen und Unterstützung und ist ein wesentlicher Bestandteil eines tugendhaften Lebens.
Wir alle sehnen uns nach Liebe, nach Zuneigung, nach einem Menschen, der für uns da ist, dem wir uns anvertrauen können und der uns Halt gibt, wenn wir selbst den Boden unter den Füßen verlieren. Doch wer geliebt werden will, muss selbst in der Lage sein, zu lieben. Die Liebe selbst stellt zwar keine Forderung, aber wer nicht fähig ist, Liebe zu empfinden, wird Liebe nicht erkennen, die einem entgegengebracht wird.

WER NIEMANDEN LIEBT, MACHE SICH DARAUF GEFASST, VON NIEMANDEM GELIEBT ZU WERDEN.

EPIKTET, SCHRIFTEN

Wie Seneca weist Epiktet darauf hin, dass, wer geliebt werden will, auch lieben können muss. Dennoch soll man sich nicht von seinen Leidenschaften oder Begierden überwältigen, sondern sich von rationalen Überlegungen leiten lassen. In Bezug auf die Liebe heißt das: mehr Verständnis, gegenseitige Unterstützung und Mitgefühl, vor allem aber weniger Egoismus.

Wenn wir uns also fragen, warum wir nicht geliebt werden, dann kann es daran liegen, dass wir nicht bereit sind zu lieben – ohne Vorbedingung, ohne Forderung für einen Menschen da zu sein, ihm Vertrauen zu schenken und vertrauenswürdig zu sein. Es liegt an uns, ob wir anderen das Gefühl vermitteln können, dass wir lieben können und somit liebenswert sind.

DIE LIEBE AN UND FÜR SICH ENTZÜNDET, ALLES ANDERE VERGESSEND, IN DEN HERZEN DAS VERLANGEN NACH DER VERKÖRPERTEN SCHÖNHEIT NICHT OHNE HOFFNUNG AUF ERWIDERUNG DER GEFÜHLSINNIGKEIT.

SENECA, BRIEFE AN LUCILIUS

Zuerst reagiert das Auge und steigert unser Verlangen – wahre Schönheit erschließt sich oft aber erst auf den zweiten Blick. Und dennoch verlieben wir uns in die »verkörperte« Schönheit und hoffen, dass es unserem Gegenüber ebenso mit uns ergeht.
Seneca warnt, dass die Liebe zur äußeren Schönheit allein nicht ausreichend ist, um wahres Glück oder Erfüllung zu finden. Für die Stoiker ist Glück nicht von äußeren Umständen abhängig, einschließlich äußerer Schönheit. Sie betrachten Tugendhaftigkeit und die innere Entwicklung als Quellen des wahren Glücks.
Die Liebe zur Schönheit an sich ist nicht falsch, solange sie nicht zu einem übermäßigen Verlangen oder einer obsessiven Leidenschaft wird. Wir sollten versuchen, unsere Leidenschaften und unser Verlangen zu kontrollieren und uns nicht von ihnen beherrschen zu lassen. So können wir laut Seneca die äußere Schönheit schätzen, sollten uns aber gleichzeitig auf die Schönheit des Charakters und der Tugenden konzentrieren. Wahre Schönheit liegt in der inneren Tugendhaftigkeit, dem moralischen Charakter und der Weisheit.

Denjenigen, die wir lieben, verdanken wir auch aus der Ferne manche Freude, aber sie ist doch nur flüchtig und vorübereilend: Der Anblick, die Gegenwart und der persönliche Verkehr bieten eine Art lebendiges Vergnügen, zumal wenn man nicht nur die gewünschte Person, sondern diese auch in der gewünschten Verfassung sieht.

Seneca, Briefe an Lucilius

Für Seneca sind Freundschaften ein wesentlicher Bestandteil eines erfüllten und tugendhaften Lebens. Wahre Freundschaft bedeutet, sich um das Wohl des anderen zu kümmern, einander zu unterstützen und Vertrauen zueinander zu haben. Freundschaft erfordert Opferbereitschaft und die Bereitschaft, sich für den Freund einzusetzen.

Seneca betont, dass es wichtiger sei, wenige wahre Freunde zu haben als viele oberflächliche Bekannte. Freundschaft ist eine wichtige Quelle des Trostes in schwierigen Zeiten. Doch Freunde oder die Menschen, die wir lieben, sind oft nicht bei uns. Und obwohl wir an sie denken und dies uns ein Gefühl der Wärme und Zuneigung gibt, ist die Freude umso größer, wenn wir mit ihnen zusammen sind. So können in der heutigen Zeit soziale Medien oder der Austausch von Textnachrichten kurzfristig Freude bereiten, aber nie das Zusammensein mit Freunden ersetzen. Nicht nur, weil wir dann Vergnügen empfinden, sondern auch, weil wir dann mit eigenen Augen sehen können, dass es ihnen gut geht.

Wie derjenige, der sich einer Liebe entledigen will, jede Erinnerung an die geliebte Gestalt meiden muss, da nichts leichter wieder aufbricht als eine Liebeswunde, so muss der, der sich der Sehnsucht nach allem, worauf seine leidenschaftliche Begehrlichkeit gerichtet war, entledigen will, Auge und Ohr abwenden von dem, von dem er sich getrennt hat.

Seneca, Briefe an Lucilius

Die stoische Philosophie lehrt, dass wir die Dinge, die außerhalb unserer Kontrolle liegen, akzeptieren sollten. Die Trennung von einem geliebten Menschen ist oft eine Situation, die wir nicht kontrollieren können. Das Akzeptieren dieser Realität kann uns helfen, mit den Emotionen umzugehen, die mit der Trennung verbunden sind.

In Zeiten der Trennung können wir unsere eigenen Annahmen und Bewertungen hinterfragen und versuchen, rationale Perspektiven einzunehmen. Trennungen und Veränderungen gehören zum Leben dazu. Indem wir uns daran erinnern, dass alles einem natürlichen Zyklus folgt, können wir mit mehr Gelassenheit auf solche Situationen reagieren.

Die Bewältigung von Trennungen und Verlusten ist ein individueller Prozess und es ist selbstverständlich, Trauer und Schmerz zu empfinden. Diese Gefühle zu kontrollieren und seinen Geist davon zu befreien, ist aber nur möglich, wenn man sich vollkommen von der verlorenen Liebe abwendet. Erst wenn man seine Liebe nicht mehr sieht, können die Wunden heilen. Und erst dann können wir uns einem neuen Leben widmen.

Das menschliche Leben gründet sich auf werktätiges Entgegenkommen und Eintracht und wird nicht durch Schrecken, sondern durch gegenseitige Liebe zum Bunde und zu gegenseitiger Hilfeleistung zusammengefasst.

Seneca, Drei Bücher vom Zorn

Seneca betrachtet die gemeinsame Lebensführung (communis vitae consortium) als einen wichtigen Aspekt von Liebe und Freundschaft. Wahre Freundschaft besteht nicht nur aus gelegentlichen Treffen oder oberflächlichen Beziehungen, sondern aus einem tiefen und bedeutsamen Zusammenleben mit anderen.

Wahre Liebe und Freundschaft basieren für Seneca auf gemeinsamen Werten, Interessen und Überzeugungen. Indem man mit Menschen zusammenlebt, die ähnliche Werte teilen, kann man eine tiefere Verbindung zueinander entwickeln, sich gegenseitig besser unterstützen und Vertrauen aufbauen.

In einer engen Gemeinschaft teilt man nicht nur die positiven Aspekte des Lebens, sondern auch die Herausforderungen und Schwierigkeiten.

Das Teilen von Freuden und Leiden stärkt die Verbundenheit und das Verständnis füreinander. In einer liebevollen Gemeinschaft kann man offen und ehrlich miteinander kommunizieren, was wiederum das Vertrauen und die Integrität in der Beziehung stärkt.

MÖCHTEST DU VON EINEM MENSCHEN GELOBT WERDEN, DER SICH IN EINER STUNDE DREIMAL SELBST VERFLUCHT? ODER WOLLTEST DU DEM GEFALLEN, DER SICH SELBER NICHT GEFÄLLT? ODER GEFÄLLT SICH DER SELBST, DER FAST ALLE SEINE HANDLUNGEN BEREUT?

Mark Aurel, Selbstbetrachtungen

Wir umgeben uns mit vielen Menschen, in der Familie, im Freundeskreis oder im Beruf. Die einen sind uns näher, mit den anderen können wir weniger anfangen. Doch manchmal umgeben wir uns mit Leuten, die uns nicht guttun, die uns nicht weiterbringen oder auf unserem Weg unterstützen.
Manche Liebesbeziehungen werden »toxisch« genannt, dieses »Toxische« existiert auch in anderen Formen der Beziehung. Wenn wir dem Aufeinandertreffen mit einer solchen Person nicht aus dem Weg gehen können, sollten wir dem mit Gelassenheit entgegentreten. Die Begegnung hat dann keine Wirkung auf uns. Und dort, wo wir die Wahl haben, stellen wir die Treffen ein. Um ein glückliches Leben zu führen, müssen wir an uns selbst arbeiten. Erfreuen wir uns an denen, die uns weiterbringen – warum sollten wir jenen Zeit schenken, die uns um unser Glück bringen wollen, nur weil sie selbst keinen Weg für sich gefunden haben?

EIFERSUCHT

DER NÄMLICHE, DER LÜSTERN AUF EINES JEDEN ANDEREN WEIB SCHAUT UND SICH VOLL BERECHTIGT GLAUBT, SIE ZU LIEBEN, WEIL SIE EINEM ANDEREN ZUGEHÖRT, DER LEIDET ES NICHT, DASS MAN SEINE GATTIN AUCH NUR ANSEHE.

SENECA, DREI BÜCHER VOM ZORN

In der westlichen Gesellschaft gilt Eifersucht seit der Antike als Makel. Doch sie gehört zur Natur des Menschen wie andere Gefühle auch, ob negative oder positive. In der stoischen Philosophie ist die Selbstbeherrschung eine Tugend, starken Emotionen wie der Eifersucht nachzugeben, bedeutet, die Kontrolle abzugeben.

Eifersucht basiert oft auf irrationalen Annahmen oder Ängsten, die nicht unbedingt der Realität entsprechen. Sie kann sich negativ auf Beziehungen auswirken, da sie Misstrauen, Spannungen und Konflikte verursacht. Auch wenn man selbst Dinge tut, die einen anderen eifersüchtig machen können, möchte man selbst nicht, dass einem dasselbe widerfährt. Wird die Partnerin oder der Partner von einer anderen Person begehrt, empfindet man Eifersucht. Umgekehrt ist man eventuell selbst ein Verursacher von Eifersucht, wenn man, rein auf äußere Schönheit fokussiert, jedem Verlangen nachgibt.

Die Stoiker ermutigen dazu, die Dinge nüchtern und objektiv zu betrachten. Durch die Beherrschung der eigenen Emotionen und eine rationale Betrachtung der Fakten kann man eine klarere Perspektive gewinnen.

TREUE

Der Treulose fordert am strengsten das Einhalten der Treue; wer selbst ein Eidbrecher ist, will keine Lüge ungestraft durchgehen lassen.

Seneca, Drei Bücher vom Zorn

Für Seneca ist die Treue (lateinisch »fides«) eine wichtige Tugend und die Grundlage für wahre Freundschaften und zwischenmenschliche Beziehungen. Treue bedeutet Zuverlässigkeit und Loyalität gegenüber anderen Menschen, insbesondere Freunden und Verbündeten. Sie ist ein zentraler Bestandteil einer tugendhaften Lebensführung, ein Zeichen von Integrität und moralischem Charakter.
Seneca prangert die Doppelmoral derer an, die Treue erwarten, sich selbst aber anders verhalten. Wir sollten uns selbst immer wieder prüfen, ob wir nicht manchmal etwas einfordern, was wir nicht halten können. Und je strenger wir über andere urteilen, desto strenger müssen wir unsere eigenen Handlungen bewerten.

Nichts aber macht uns mehr Freude als Treue und herzliche Freundschaft. Was für ein Segen ist es, treue Seelen um dich zu haben, denen du jedes Geheimnis sicher anvertrauen kannst, deren Mitwissen du weniger zu fürchten brauchst als dein eigenes, deren Äusserungen deinen Kummer lindern, deren Urteil deine Pläne fördern, deren Heiterkeit deinen Trübsinn verscheuchen kann, deren Gegenwart schon ein Genuss für dich ist.

Seneca, Von der Gemütsruhe

Die Treue gegenüber Freunden ist für die Stoiker nicht nur eine Tugend für sich selbst, in ihren Augen sind Menschen, die füreinander da sind, ein wesentlicher Bestandteil für ein erfülltes Leben. Echten Freunden kann man vertrauen und man weiß, dass sie zu einem stehen. Und das Wichtigste: So wie ein Freund mir gegenüber treu ist, so bin ich selbst treu ihm gegenüber – eine Verantwortung, die man in der Beziehung zu einem anderen Menschen übernimmt.

ZORN

Das wirksamste Mittel gegen den Zorn ist Aufschub. Fordere vom Zorn zunächst nicht, dass er verzeihe, sondern dass er sich ein Urteil bilde. Seine ersten Regungen sind heftig; er wird nachlassen, wenn man ihm Zeit lässt. Und versuche nicht, ihn auf einmal mit einem Hieb zu fällen; man wird seiner ganz Herr werden, wenn man ihn stückweise in Angriff nimmt.

Seneca, Drei Bücher vom Zorn

Seneca beschäftigt sich in seinen Schriften ausführlich mit dem Thema Zorn und wie man damit umgeht. Zorn ist eine destruktive Emotion, die uns schadet und unser Urteilsvermögen trüben kann. In seiner stoischen Philosophie betont er die Wichtigkeit der Selbstbeherrschung bei starken Emotionen wie Zorn.

Es macht ebenso wenig Sinn, sich seinem Zorn unmittelbar hinzugeben wie ihn unbedingt sofort bändigen zu wollen. Erst die Auseinandersetzung mit dem Grund für den Zorn und genügend zeitlicher Abstand sorgen für ein richtiges Urteil. Kurzfristige zornige Handlungen schaden mehr als vielleicht beabsichtigt. Schafft man sich zuerst Distanz, kann man viel von dem retten, was ein zorniger Augenblick zerstört hätte.

ES GIBT (...) ZWEI ARTEN VON VERANLASSUNGEN ZUM ZORN: ERSTENS, WENN WIR GLAUBEN, UNRECHT ERFAHREN ZU HABEN (...), ZWEITENS, WENN WIR GLAUBEN, ES SEI UNS UNBILLIGERWEISE ZUGEFÜGT WORDEN. DIES LETZTERE IST NUN ZU ERÖRTERN. FÜR UNBILLIG HALTEN DIE MENSCHEN MANCHES, WEIL SIE ES NICHT VERDIENT HATTEN, DAVON BETROFFEN ZU WERDEN, MANCHES AUCH, WEIL SIE ES NICHT ERWARTET HATTEN. FÜR UNWÜRDIG HALTEN WIR, WAS UNS UNVERMUTET KOMMT; DAHER REGT UNS AM HEFTIGSTEN DAS AUF, WAS GEGEN UNSER HOFFEN UND ERWARTEN EINTRITT, UND DAHER KOMMT ES AUCH, DASS UNS IM HAUSWESEN EINE KLEINIGKEIT IN HARNISCH BRINGT, UND DASS MAN UNTER FREUNDEN UNRECHT NENNT, WAS EINE BLOSSE NACHLÄSSIGKEIT IST.

SENECA, DREI BÜCHER VOM ZORN

Der Zorn verursacht irrationale Handlungen, vor allem aber sorgt er für extreme Reaktionen, wo eine ruhige Reaktion sinnvoller gewesen wäre. Gerade wenn wir mit einer Sache nicht rechnen oder wir etwas anderes erwartet haben, geht der Zorn mit uns durch. Eine kluge, vernünftige Entscheidung oder Antwort ist dann kaum möglich und wir verursachen im Zorn weiteren Schaden.

Auch hier gilt der Rat Senecas: Den Zorn abkühlen lassen, die Sache oder den Auslöser mit etwas zeitlichem Abstand neu bewerten und, sofern eine andere Person beteiligt ist, darüber sprechen. In den meisten Fällen stellt sich heraus, dass es eine Nichtigkeit war, über die zornig zu werden nicht angemessen war.

WIR BILDEN UNS EIN, WIR MÜSSTEN AUCH UNSEREN FEINDEN ALS UNVERLETZLICH GELTEN; JEDER KOMMT SICH VOR WIE EIN KÖNIG, DER SICH ANDEREN GEGENÜBER ALLES ERLAUBEN DARF, SICH SELBST ABER VERSCHONT WISSEN WILL. ENTWEDER ALSO IST ES DER STOLZ, DER UNS ZORNSÜCHTIG MACHT, ODER UNSERE MANGELHAFTE WELTKENNTNIS: DENN WIE KANN MAN SICH DARÜBER WUNDERN, DASS SCHURKEN SCHURKEREIEN VERÜBEN?

SENECA, DREI BÜCHER VOM ZORN

In der stoischen Philosophie ist der Stolz eine negative und zerstörerische Emotion. Eine Form der Arroganz, die auf Selbstüberschätzung und Egoismus basiert. Die Demut hingegen wird ausdrücklich als Tugend angesehen.

Der Mensch ist fähig, sich selbst zu beurteilen, wenn er bereit ist, auch seine Schwächen anzuerkennen. Wir sind nicht besser als andere, wir sind nicht höhergestellt als andere und dennoch geraten wir in Zorn, wenn andere uns vermeintlich unangemessen behandeln. Und unser Stolz sorgt für eine Überreaktion, den Zorn, den wir nicht kontrollieren können. Aber später, wenn etwas Zeit vergangen ist, werden wir die Situation vielleicht anders sehen und unser eigener Ausbruch kommt uns unverhältnismäßig vor.

BEI WOHLTATEN MACHT ES EINEM EHRE, GUTES MIT GUTEM ZU ERWIDERN; ANDERS STEHT ES MIT DER ERWIDERUNG VON BELEIDIGUNGEN DURCH BELEIDIGUNGEN. DORT IST ES SCHIMPFLICH, SICH BESIEGEN ZU LASSEN; HIER IST ES SCHIMPFLICH, ZU SIEGEN.

SENECA, DREI BÜCHER VOM ZORN

Wer glaubt, immer Gleiches mit Gleichem vergelten zu müssen, reagiert in den falschen Momenten zornig und übertrieben. Wer seinen Stolz gekränkt sieht, ist oft verleitet, es mit gleicher Münze zurückzuzahlen. Aber nur Hochmut und Überheblichkeit machen Beleidigungen erst möglich. Was kann ein Mensch sagen, was einen anderen Menschen wirklich trifft? Ist es die Wahrheit, so ist es keine Beleidigung, sondern die Möglichkeit, sich zu bessern. Ist es eine Lüge, sollte es einen nicht treffen, und es wäre eine Schwäche, sich ebenfalls zum Lügner zu machen.

Keine Leidenschaft aber zeigt ein Bild grösserer Störungen und Verworrenheit als der Zorn. Er entstellt das schönste Antlitz, macht die ruhigsten Gesichtszüge wild, aller Anstand schwindet bei den Zornigen.

Seneca, Drei Bücher vom Zorn

Seneca weist hier darauf hin, dass der Zorn nicht nur emotionale Auswirkungen auf den Menschen hat, sondern auch physische. Die körperliche Reaktion verunstaltet das äußere Erscheinungsbild, zornige Menschen wirken abstoßend auf andere. Wer sich dem Zorn hingibt, wird hässlich. Der Zorn belastet und schadet zwischenmenschlichen Beziehungen und zerstört Vertrauen und Harmonie. Und alles nur, weil es vielleicht ein Missverständnis gegeben hat, das man bei näherer Betrachtung und ruhigerer Vorgehensweise schnell aus dem Weg hätte räumen können.

RICHTIG HANDELN

Wenn dir jemand mitteilt, dass der oder jener Schlimmes über dich sagt, so verteidige dich nicht, sondern antworte: Der wusste also nichts von meinen übrigen Fehlern, sonst würde er wohl nicht bloss von diesen gesprochen haben.

Epiktet, Handbüchlein der stoischen Moral

Eigentlich sollte es einem egal sein, wenn andere Menschen lästern. Was haben sie zu sagen, was sie einem nicht direkt sagen können? Warum sagen sie etwas Schlechtes über andere, wenn sie doch selbst Fehler haben? Im Grunde ist die stoische Sichtweise sehr einfach: Lass sie reden und zeige denen, die dich darauf ansprechen, dass es dir egal ist. »Verstärke« die Lästerung noch und mache sie so zunichte.

Wenn du etwas tust, wovon du dich überzeugt hast, dass es getan werden muss, so vermeide es nie, gesehen zu werden, während du es tust, auch wenn die Mehrheit eine andere Meinung haben sollte. Denn, ist es unrecht, was du tust, so meide die Tat selbst. Ist es aber recht, was fürchtest du dich vor denen, die es unrecht schelten wollen?

Epiktet, Handbüchlein der stoischen Moral

Wer tut, was er für richtig hält, sollte sich nicht dafür schämen, sondern zu seiner Tat stehen, auch wenn er auf Gegenwind stößt. Man kann es nie allen recht machen und sollte für sich selbst nach bestem Wissen und Gewissen handeln. Hat man dagegen das Bedürfnis, eine Handlung heimlich zu begehen, ist dies vielleicht ein Zeichen, dass die Tat unrecht ist.

Niemals nenne dich selbst einen Philosophen. Auch sprich unter Laien nicht viel von den Lehrsätzen der Wissenschaft, sondern handle nach denselben. So sprich z. B. bei der Mahlzeit nicht davon, wie man essen soll, sondern iss, wie man essen soll.

Epiktet, Handbüchlein der stoischen Moral

Epiktet warnt hier nach stoischer Überzeugung davor, ein Schaumschläger zu sein. Nur von einer Sache zu reden, ist nicht tugendhaft, richtiges Handeln macht uns zu dem, der wir sein wollen.
Eltern verbieten ihren Kindern das Smartphone, nutzen dies aber selbst rund um die Uhr, ein Arbeitgeber gibt eine Kernarbeitszeit an, erscheint aber selbst jeden Tag zu spät – wir alle kennen Situationen, in denen wir oder andere selbst nicht das tun, was richtig wäre. Besser ist es, wenig Worte zu verlieren und ein gutes Vorbild zu sein.

Ohne Hochmut nimm an, und gib, ohne zu bedauern!

Mark Aurel, Selbstbetrachtungen

Für die Stoiker ist die Bescheidenheit eine Art der Selbstbeherrschung und ein wichtiger Bestandteil eines tugendhaften Lebens. Sie verstehen Bescheidenheit nicht als Mangel an Selbstbewusstsein oder als Unterwürfigkeit, sondern als die Fähigkeit, die eigenen Verdienste realistisch einzuschätzen und nicht übermäßig stolz oder arrogant zu sein. Gemäß der stoischen Philosophie sollen wir Menschen unsere Natur und unsere Grenzen akzeptieren und nicht nach Ruhm, Reichtum oder Anerkennung streben. Stattdessen soll unser Fokus darauf liegen, tugendhaft zu leben und das eigene Leben in Einklang mit der Natur und der Vernunft zu führen. Bescheidenheit hilft dabei, emotionale Turbulenzen zu vermeiden, da ein übermäßiges Verlangen nach äußeren Gütern oder Anerkennung zu Unzufriedenheit und Unruhe führen kann. Bleiben wir

dagegen bescheiden und reduzieren unsere Bedürfnisse, erreichen wir innere Ruhe und Zufriedenheit.
So nehmen wir bescheiden an, was wir erhalten. Wenn wir aber geben, so sollten wir es ohne Bedingungen tun und nicht, um Anerkennung zu bekommen.

AUF, NUTZE DIE GEGENWÄRTIGE ZEIT, DENN DIEJENIGEN, DIE MEHR DEM NACHRUHM NACHGEHEN, BEDENKEN NICHT, DASS DIE FOLGENDEN GESCHLECHTER EBENSO BESCHAFFEN SEIN WERDEN WIE DIE JETZIGEN, ÜBER DIE SIE SICH BESCHWEREN. AUCH JENE SIND STERBLICH. WAS KÜMMERT ES DICH ÜBERHAUPT, WENN UNTER IHNEN DIESE ODER JENE ÜBER DICH REDEN ODER DIE EIN ODER MEINUNG VON DIR HABEN?

MARK AUREL, SELBSTBETRACHTUNGEN

Viele kennen die Angst, in der Gemeinschaft zu versagen, sich lächerlich zu machen oder nicht den Anforderungen zu entsprechen. Wir sollten versuchen, diese Angst zu überwinden, in der Regel merken wir dann, dass sie unbegründet war. Und wenn uns doch ein Fehler passiert, so ist das nicht schlimm, nur diejenigen, die uns deshalb belächeln oder zurechtweisen, sollten wir in Zukunft meiden. Solange wir grundsätzlich tugendhaft handeln, kann ein Fehler oder eine Nachlässigkeit kein Problem darstellen. Dauerhaft die Gesellschaft zu meiden, ist jedoch keine Lösung. Zukünftige Generationen werden unser Handeln nicht wohlwollender beurteilen als unsere Zeitgenossen.

DEM EINEN MACHT DIES, EINEM ANDEREN JENES FREUDE; DIE MEINIGE FINDE ICH IM BESITZ EINER GESUNDEN, MICH BEHERRSCHENDEN VERNUNFT, DIE SICH VON KEINEM MENSCHEN UND VON KEINER MENSCHLICHEN ANGELEGENHEIT ABWENDET, SONDERN ALLES MIT WOHLWOLLENDEM AUGE ANSIEHT UND AUFNIMMT UND JEGLICHES NACH MASSGABE SEINES WERTES BENUTZT.

MARK AUREL, SELBSTBETRACHTUNGEN

In der stoischen Philosophie wird viel Wert auf die Gemeinschaft und ein harmonisches Miteinander gelegt. Andere Menschen können uns bereichern, uns besser machen und uns fördern. Manchen fällt es schwer, Offenheit gegenüber anderen zu zeigen. Gerade in der westlichen Welt neigen wir dazu, Fremdartiges abzulehnen, uns zu verschließen, etwas negativ zu bewerten, weil wir es nicht kennen. Öffnen wir uns jedoch anderen Menschen, öffnen sich die Türen zu anderen Kulturen, anderen Sprachen und anderen Kenntnissen. Und ganz nebenbei gewinnen wir Freunde und schaffen eine friedliche Gesellschaft.

EINER BADET FRÜHER ALS GEWÖHNLICH. DENKE NICHT: »ER TUT ÜBEL DARAN«, SONDERN: »ER BADET FRÜH.« EINER TRINKT VIEL WEIN, SAGE NICHT: »ER HANDELT UNRECHT«, SONDERN: »ER TRINKT VIEL.« DENN WOHER WEISST DU, DASS ER UNRECHT HANDELT, BEVOR DU SEINE GRÜNDE FÜR SEIN HANDELN KENNST? DADURCH WIRST DU ES VERMEIDEN, NUR VON EINEM TEIL DER DINGE DEUTLICHE VORSTELLUNGEN ZU HABEN, ANDEREN ABER BLINDLINGS ZU FOLGEN.

EPIKTET, HANDBÜCHLEIN DER STOISCHEN PHILOSOPHIE

Die Stoiker ermutigen dazu, die eigenen Gedanken stets kritisch zu hinterfragen und Vorurteile anhand rationaler Überlegungen zu überprüfen. Erscheint uns die Tat eines anderen auf den ersten Blick falsch, lohnt sich ein zweiter, um den wahren Grund für sein Handeln zu erkennen. Erst wenn wir verschiedene Blickwinkel einnehmen, verstehen wir die Zusammenhänge.

Das menschliche Gehirn ist darauf ausgelegt, in Schubladen zu denken. Wie diese Schubladen jedoch aussehen, ergibt sich aus der Erziehung und den Erfahrungen. Gerade gegenüber Menschen oder Dingen, die wir nicht kennen, verhalten wir uns oft vorurteilsbeladen, statt zu prüfen, ob unsere Annahme der Wahrheit entspricht. Kommt jemand zu spät, werten wir das möglicherweise als Respektlosigkeit. Vielleicht hat die Person aber alles versucht, um pünktlich zu kommen, doch die Verkehrslage ließ es nicht zu oder ihr Kind war krank. Wir urteilen jemanden ab, obwohl diese Person vielleicht unsere Hilfe oder Unterstützung benötigt. Hinterfragen wir unsere Vorurteile regelmäßig! So werden zahlreiche Barrieren abgebaut und die Gemeinschaft gestärkt.

TRAUER

DOCH TROTZDEM WAR DIR DAMIT EIN GLÜCKLICHERES LOS BESCHIEDEN, ALS WENN ER DIR ÜBERHAUPT NICHT GESCHENKT WORDEN WÄRE; DENN WIRD UNS DIE WAHL GELASSEN, OB ES UNS LIEBER SEI, NUR FÜR KURZE ZEIT GLÜCKLICH ZU SEIN ODER AUF GLÜCK ÜBERHAUPT ZU VERZICHTEN, SO IST DOCH EIN WENN AUCH BALD DAHINSCHWINDENDES GLÜCK BESSER ALS DER VERZICHT AUF JEDES GLÜCK ÜBERHAUPT.

Seneca, Trostschrift an Marcia

Senecas Worte richten sich an Marcia, die seit langer Zeit den Tod ihres Sohnes betrauert. In seinen Briefen rät er ihr, sich an das Schöne zu erinnern, das sie gemeinsam mit ihm erlebt hat, und sich nicht der Trauer hinzugeben. Mit unserer Geburt wird uns auch der Tod geschenkt. Auch wenn wir versuchen, alles für ein langes Leben zu tun, das Schicksal entscheidet über das Ende. Wir sollten uns also an der gemeinsamen Zeit erfreuen, die wir miteinander hatten. Denn wäre der Mensch, den wir verloren haben, nie dagewesen, würden uns die gemeinsamen Momente ebenso verloren gehen.

WAS AUCH DIE GLÜCKLICHSTEN NICHT VERSCHONT, IST NICHT DAS GRÖSSTE ÜBEL.

Seneca, Trostschrift an Marcia

Senecas Versuche, Marcia zu trösten, werden oft durch Vergleiche geschmückt. Er vergleicht das Trauerverhalten anderer mit dem von Marcia, er vergleicht Schicksalsschläge anderer Mütter mit ihrem, und er zeigt, dass der Tod nicht zwischen Glücklichen und Unglücklichen unterscheidet. Der Verlust eines Menschen kann jeden ereilen.
Wir sind mit unserer Trauer nicht alleine. Selbst diejenigen, die immer glücklich erscheinen, mussten oder müssen in Zukunft Verluste hinnehmen.

ABER SO IST ES EBEN: DIES UNWETTER MACHT DIE RUNDE, VERHEERT OHNE WAHL ALLES UND SCHLEPPT SEINEN RAUB DAVON, ALS HÄTTE ES EIN GUTES RECHT DARAUF. LASS SIE MANN FÜR MANN RECHENSCHAFT GEBEN: KEINEM IST DAS LOS GEFALLEN, UNGESTRAFT INS LEBEN EINZUTRETEN.

Seneca, Trostschrift an Marcia

Der Mensch ist geboren, um zu sterben. Es ist unser Los, Menschen zu verlieren und selbst zu gehen. Auf den Zeitpunkt haben wir keinen Einfluss, der Tod wählt die Menschen aus, wie ein Räuber, der sich sein nächstes Ziel aussucht. Wir können uns nicht verstecken, wir können dem Tod nicht entgehen. Er kommt oft ohne Vorwarnung und lässt andere allein zurück.

Daher gilt es umso mehr, das Leben zu nutzen und jeden Tag, jede Stunde und jede Minute auszukosten und bewusst zu erleben. Wir kennen unser Ende nicht, aber wir wissen dass es kommt. Es ist ein Fehler, für uns wichtige Dinge aufzuschieben und auf eine Zukunft zu warten, die vielleicht gar nicht mehr eintreffen wird. Wer geht am Ende glücklicher: Der, der zurückschauen kann auf ein intensives und tugendhaftes Leben, oder derjenige, der viele Träume hatte, diese aber nie versuchte zu verwirklichen, weil es auch schiefgehen könnte?

So wie wir unser Ende akzeptieren müssen, haben wir auch die Pflicht, den Tod, den Verlust anderer anzunehmen. Auch hier können wir uns die Frage stellen: Haben wir alles mit ihr und für die Person getan, was wir tun wollten, oder haben wir die Dinge aufgeschoben, im Alltag vergessen oder als nicht so wichtig eingeordnet?

Dein Sohn hat die Schranken hinter sich gelassen, innerhalb deren man unfrei ist; er weilt im Schoss eines grossen und ewigen Friedens; keine Furcht vor Armut, keine Sorge um Reichtum, keine stachelnde und seelenverderbende Lustbegier ficht ihn an; er bleibt unberührt von jedem Neid über fremdes Glück sowie vom Neid anderer über das seine, und selbst sein keusches Ohr wird nicht beleidigt durch irgendwelche Schmähungen; er braucht sich nicht zu sorgen um irgendwelches staatliches oder persönliches Unglück; nicht schwebt er in ängstlicher Sorge um die Zukunft, die immer auf noch Schlimmeres gefasst sein muss. Endlich hat er die Stätte erreicht, von der nichts mehr ihn verdrängt, wo nichts ihn schreckt.

Seneca, Trostschrift an Marcia

Trauer ist immer sehr individuell, manche Menschen zerbrechen an ihr. Sie beweinen den Verlust und können sich ein glückliches Leben nicht mehr vorstellen. Seneca versucht Marcia, die seit langer Zeit trauert, Hoffnung zu machen, den Tod nicht als sinnlose Strafe anzusehen. Für den Toten bedeutet es auch Freiheit, das Fernbleiben von Schmerz, von Verlust, von Angst. Im Tod ist auch Trost zu finden, da der Mensch, den man verloren hat, nun an einem anderen besseren Ort ist.
Es gibt eine Zeit zu trauern, doch soll man sich nicht in ihr verlieren. Der innere Frieden kann erst wieder hergestellt werden, wenn man der Person, die man verloren hat, den Frieden schenkt.

FREIHEIT

Die Freiheit zu erlangen, gelingt nur durch die Gleichgültigkeit gegen das Schicksal: Dann wird sich jenes unschätzbare Gut einstellen, jene fest in sich gegründete Seelenruhe und Geisteshoheit, jene erhabene und unerschütterliche Freude, die nach Austreibung des Irrtums aus der Erkenntnis der Wahrheit entspringt, jene Herzlichkeit und Gemütsheiterkeit, an der er seine Freude hat, nicht als an Gütern an sich, sondern als an Früchten des ihm als Eigentum zugehörigen Gutes.

Seneca, Briefe an Lucilius

Für die Stoiker bedeutet Freiheit, nicht von äußeren Umständen abhängig zu sein, vielmehr liegt sie in der Selbstkontrolle und der Fähigkeit, vernünftige Entscheidungen zu treffen. Freiheit erlangt demnach, wer seine eigenen Impulse, Begierden und Emotionen beherrscht und sich nicht von äußeren Umständen oder Zwängen beherrschen lässt. Jeder kann frei sein, unabhängig von Reichtum, Ruhm oder Besitz, denn wahre Freiheit liegt in der Souveränität des Geistes.
Sein Schicksal zu akzeptieren und in diesem Rahmen sein Leben zu gestalten, rationale Entscheidungen zu treffen und die Herausforderungen des Lebens gelassen anzunehmen, ist wahre Freiheit.

SO IST ES, MEIN LUCILIUS: NUR WENIGEN DRÄNGT SICH DIE KNECHTSCHAFT AUF; DIE MEISTEN DRÄNGEN SICH SELBST IHR AUF. ABER WENN DU ENTSCHLOSSEN BIST, DICH VON IHR LOSZUSAGEN UND DEN EHRLICHEN WUNSCH NACH FREIHEIT HAST, UND DIR NUR DAZU AUFSCHUB ERBITTEST, UM DIESEN SCHRITT OHNE BESTÄNDIGE REUE TUN ZU KÖNNEN, WARUM SOLLTE NICHT DIE GANZE SCHAR DER STOIKER DIR BEISTIMMEN? FRAGE SIE ALLE, DEN ZENON, DEN CHRYSIPP UND DIE ANDEREN: SIE WERDEN DIR ZU DEM RATEN, WAS MASSVOLL, WAS EDEL, WAS DEINER ART ENTSPRECHEND IST. ABER WENN DU ZÖGERST, UND ZWAR AUS KEINEM ANDEREN GRUND ALS UM DICH UMZUSEHEN, WIE VIEL DU MIT DIR NEHMEN UND WIE VIEL GELD DU DIR SICHERN SOLLST ALS RÜCKHALT FÜR DEINE MUSSEZEIT, DANN WIRST DU NIE DEN AUSGANG FINDEN. NIEMAND BESCHWERT SICH MIT GEPÄCK, WENN ER SICH SCHWIMMEND RETTEN WILL.

SENECA, BRIEFE AN LUCILIUS

Freiheit als Zustand innerer Unabhängigkeit ist für die Stoiker erstrebenswert. Die meisten Menschen begeben sich aber freiwillig in eine innere und äußere Gefangenschaft, indem sie zulassen, dass Reichtum und Macht Besitz von ihnen ergreifen. Die Angst, etwas zu verlieren, was einem nur übergangsweise gegeben wurde, macht den Menschen unfrei. Wir können also nur Freiheit erlangen, wenn wir bereit sind, uns nicht mehr an äußere Gegebenheiten, die wir nur bedingt ändern können, zu klammern und auf diese Last zu verzichten. Das heißt nicht, dass wir unser Geld oder unsere Position im Beruf aufgeben sollen, vor allem nicht, wenn wir damit etwas Gutes bewirken können. Doch der Verlust dieser Dinge darf uns nicht ängstigen, stattdessen leben wir den Moment und erlauben uns, auch ohne sie vernünftig und tugendhaft zu handeln und glücklich zu werden.

FREUDE

WILLST DU DIR EIN VERGNÜGEN BEREITEN, SO BETRACHTE DIE VORZÜGE DEINER ZEITGENOSSEN, SO WIE DIE TATKRAFT DES EINEN, DIE BESCHEIDENHEIT DES ANDEREN, DIE FREIGEBIGKEIT EINES DRITTEN UND EINE ANDERE TUGEND AN EINEM VIERTEN. DENN NICHTS ERFREUT UNS SO SEHR, WIE DIE MUSTER DER TUGENDEN, DIE UNS AUS DEN HANDLUNGEN UNSERER ZEITGENOSSEN REICHLICH OFFENBART WERDEN. DARUM HABE SIE AUCH STETS VOR AUGEN.

MARK AUREL, SELBSTBETRACHTUNGEN

Mark Aurel betrachtet Freude als eine innere Qualität, die aus einer tugendhaften Lebensführung und einer gelassenen Einstellung resultiert. Für ihn ist Freude nicht das Streben nach weltlichem Vergnügen, sondern eine tiefe Zufriedenheit und ein Gefühl der Erfüllung, das durch die Praxis der stoischen Tugenden erreicht werden kann.
Freude zu empfinden ist schon möglich, wenn man sich der Menschen bewusst wird, die ein Vorbild für gute Eigenschaften sind. Sie zu beobachten und ihrem Beispiel zu folgen, bereitet uns Freude. Schauen wir also nicht neidvoll auf Menschen, die mehr haben, sondern mit offenen Augen auf die Menschen, die mehr zu geben haben.

DIE FREUDE AN EINER GUTEN TAT IST RÜHMLICH UND HERRLICH, DER ZORN ÜBER DEN FREVEL EINES ANDEREN DAGEGEN IST VERWERFLICH UND KLEINLICH.

SENECA, VOM ZORN

Tugendhaft ist derjenige, der gute Taten vollbringt. Hat man selbst oder ein anderer ein Erfolgserlebnis, darf man sich zu Recht freuen. Wer dagegen kleinlich ist oder stets die Fehler anderer anprangert, gibt sich nur dem Zorn hin und erlebt keine Freude. Eine gelassene innere Haltung und eine positive Einstellung sorgen für Freude im Leben.

WARUM HÄLTST DU NICHT LIEBER DAS KURZE LEBEN ZUSAMMEN UND MACHST ES ZU EINER QUELLE DER FREUDE UND ZUFRIEDENHEIT FÜR DICH UND DIE ANDEREN? WARUM LEBST DU NICHT LIEBER SO, DASS DICH ALLE LIEB HABEN UND DICH NACH DEINEM WEGGANG WIEDER ZURÜCKWÜNSCHEN?

SENECA, VOM ZORN

In der heutigen Welt wird Freude oft mit kurzfristigem Spaß verwechselt. Es macht Spaß, in einen Fluss zu springen, es macht Spaß, zu tanzen, es macht Spaß, auf einer Achterbahn zu fahren – das alles sind aber nur flüchtige Vergnügungen.

Durch ein tugendhaftes Leben erreicht man Ausgeglichenheit und Wohlbefinden. Indem man seinen Mitmenschen freundlich und respektvoll begegnet, erfährt man selbst Freude. Das Zusammensein mit Menschen, die man liebt und die einen lieben, bringt Freude, die anhält und nicht nach wenigen Minuten endet.

LERNEN

Man muss so lange lernen, wie man ein Nichtwisser ist, oder, wenn wir dem Sprichwort glauben, so lange man lebt.

Seneca, Briefe an Lucilius

»Lebenslanges Lernen«, ein Begriff, der seit vielen Jahren in Schulen, in Unternehmen und in der Politik verwendet wird. Schon seit der Antike widmen sich Philosophen dem Thema Lernen. Die Stoiker sind davon überzeugt, dass ein Mensch nie aufhören darf, zu lernen und ein besseres Verständnis aufzubauen für Dinge, die einem nicht bekannt sind. Erst das Wissen sorgt für Selbsterkenntnis. Wer lernt, lernt auch sich selbst kennen und verstehen, wer lernt, arbeitet daran, sich zu verbessern und weiterzuentwickeln. Das Streben nach Weisheit ist für ein erfülltes und glückliches Leben unerlässlich.

Denn wo der Erfolg unsicher ist, da darf man häufige Versuche nicht scheuen, um die Sache vorwärtszubringen.

Seneca, Briefe an Lucilius

Die Stoiker haben eine klare Auffassung zu Prüfungen im Leben, Herausforderungen und Widrigkeiten, mit denen jeder konfrontiert wird. Diese Prüfungen sehen sie als Gelegenheiten zur persönlichen Entwicklung und Stärkung der philosophischen Prinzipien. Herausforderungen aller Art soll man mit Gelassenheit und Weisheit entgegentreten. Wahre Tugendhaftigkeit liegt in der Fähigkeit, auch in schwierigen Zeiten ruhig, gefasst und rational zu bleiben.

Nicht jedes Unterfangen gelingt uns beim ersten Mal. Hier gilt es, nicht sofort aufzugeben, sondern im Rahmen der Dinge, die wir beeinflussen können, neue Lösungswege zu suchen. Herausforderungen gehören zum Leben, wir sollten sie als eine Möglichkeit zum Wachstum betrachten.

ES IST DES GEISTES WERT, DEN DER GEIST AUFFINDEN SOLL.

SENECA, BRIEFE AN LUCILIUS

Der Geist oder die Vernunft spielt eine zentrale Rolle in der stoischen Philosophie. So ist die Vernunft die höchste menschliche Fähigkeit, die uns von den Tieren unterscheidet und uns in die Lage versetzt, rational zu denken und zu handeln. Sie ermöglicht es uns, die Ordnung und Struktur der Welt zu erkennen und uns in Harmonie mit ihr zu bewegen. Die Stoiker glauben, dass der Geist uns mit dem kosmischen Logos verbindet, dem Prinzip der universellen Vernunft, das die Ordnung des Universums regiert. Durch die Ausrichtung unserer Gedanken und Handlungen auf den kosmischen Logos können wir in Einklang mit der Natur und dem göttlichen Plan leben. Der Geist ist also der Schlüssel zu einem erfüllten Leben und zur Entwicklung einer tugendhaften Persönlichkeit. Indem die Stoiker die Vernunft kultivieren und als Leitfaden für ihr Denken und Handeln nutzen, streben sie nach einem Leben in Übereinstimmung mit der Natur und den höchsten ethischen Prinzipien. Wer sich aber dem Lernen verweigert und nicht bereit ist, die nächste Entwicklungsstufe zu erklimmen, wird auch nicht mit Erkenntnis beschenkt.

POLITIK

Ein Vortrag, der es auf Wahrheit abgelegt hat, muss ungekünstelt und einfach sein; aber die übliche Volksrednerei hat mit Wahrheit nichts zu schaffen. Sie will die Masse erregen und die unbesonnenen Hörer im Sturm fortreissen, sie entzieht sich jeder prüfenden Beurteilung, verliert sich in alle Winde.

Seneca, Briefe an Lucilius

Die Philosophie verfolgt die Suche nach Wahrheit und Erkenntnis. Die Stoiker bemühen sich, die Wahrheit so objektiv und rational wie möglich zu erforschen, ohne voreingenommen zu sein oder von persönlichen Vorurteilen geleitet zu werden. Dasselbe gilt für die politische Rede. Wer etwas vermitteln will, muss klar verständlich sein, die Wahrheit sagen und nicht das Volk aufputschen. Leider zeigt sich heute wie damals, dass »Populisten« die Rede nutzen, um das Volk aufzuhetzen, um aus der Wahrheit eine Lüge und aus der Lüge eine Wahrheit zu machen. Die Wahrheit ist immer komplex und vielschichtig, deshalb müssen wir das Gesagte hinterfragen und frei von Emotionen betrachten. Wir müssen jede Rede besonnen prüfen und nachwirken lassen, sonst laufen wir Gefahr, uns im Affekt mitreißen zu lassen und etwas als Wahrheit anzunehmen, das nicht Hand und Fuß hat.

Denn wer könnte dem Volk gefallen, dem die Tugend gefällt? Es sind verwerfliche Mittel, durch die man des Volkes Gunst gewinnt.

Seneca, Briefe an Lucilius

Die Idee einer tugendhaften Politik für die Masse hat eine lange philosophische Tradition. Schon Philosophen wie Platon und Aristoteles haben über die tugendhafte Herrschaft oder den tugendhaften Staat nachgedacht, in dem das Wohl der Gesellschaft im Mittelpunkt steht. Politische

Akteure, die ethisch handeln, indem sie sich von moralischen Prinzipien und Idealen leiten lassen, und das Wohl der Bürger als höchste Priorität betrachten, sollten der Wunsch aller Bürger im Staat sein.
In der Praxis war es zu Senecas Zeiten nicht anders als heute: Auch in einer Demokratie kommen in jeder Partei Leute empor, die genau gegenteilig handeln, die nach Macht gieren und auf ihren eigenen Vorteil bedacht sind. Weltweit bekommen populistische Parteien Zulauf, indem sie komplizierte gesellschaftliche Fragen emotionalisieren und einfache Lösungen versprechen. Mit solchen unlauteren Mitteln lassen sich zwar Wählerstimmen gewinnen, aber keine Probleme lösen.

BERUFE DICH NICHT AUF DAS URTEIL DER MENGE: ES IST STETS UNZUVERLÄSSIG UND SCHWANKT VON EINER SEITE ZUR ANDEREN.

SENECA, BRIEFE AN LUCILIUS

In der Philosophie wird die Meinung der Menge oft kritisch betrachtet und hinterfragt. Die Stoiker betonen häufig, dass die Wahrheit nicht von der Mehrheit bestimmt wird und dass populäre Meinungen nicht immer richtig oder gerechtfertigt sein müssen. Die Tatsache, dass viele Menschen eine bestimmte Meinung teilen, bedeutet nicht zwangsläufig, dass diese Meinung der Wahrheit entspricht. Kritische Reflexion ist gefragt: Man sollte nie einfach akzeptieren, was die Mehrheit sagt, sondern seine eigenen Überlegungen anstellen. Denn die Meinung der Menge kann durch Fehlinformationen, Manipulation oder Vorurteile beeinflusst werden. Es gilt, sich von solchen Einflüssen zu befreien und eigene Entscheidungen auf der Basis von fundierten Argumenten und Beweisen zu treffen. Außerdem vernachlässigt die Meinung der Masse oftmals die Interessen und Rechte von Minderheiten, daher ist es wichtig, auch andere Perspektiven sorgfältig zu berücksichtigen.

UNRECHT GEGEN DAS GUTE WIRD NUR VON SCHLECHTEN VERSUCHT. UNTER DEN GUTEN HERRSCHT FRIEDE; DIE SCHLECHTEN SIND NICHT NUR DEN GUTEN VERDERBLICH, SONDERN AUCH SICH SELBST.

SENECA, BRIEFE AN LUCILIUS

Die Stoiker beschäftigen sich mit Fragen der Ethik, des Friedens, der Gerechtigkeit und des menschlichen Zusammenlebens. Kriegerische Auseinandersetzungen sind oft auf komplexe politische, soziale und wirtschaftliche Faktoren zurückzuführen. Um Konflikte gewaltfrei lösen und eine dauerhafte Friedensordnung schaffen zu können, ist für die Stoiker eine Kultur des Dialogs und die Achtung der Menschenwürde maßgeblich. Wer dies missachtet, ist »verderblich«. Solche Menschen reißen aber nicht nur ein Land oder eine Volksgruppe in den Abgrund, sie machen sich selbst zu etwas Schlechtem und erkennen nicht, dass sie sich vom Menschsein verabschieden.

WEISHEIT

WAS DAS SCHICKSAL NICHT GAB, DAS ENTREISST ES AUCH NICHT.

SENECA, BRIEFE AN LUCILIUS

Die Stoiker glauben, dass das Schicksal einen vorherbestimmten Lauf der Dinge repräsentiert, der von einer göttlichen Ordnung oder einer vernünftigen Natur geleitet wird. Das Schicksal wird als eine allumfassende, unveränderliche Kraft betrachtet, die das Universum lenkt. Indem man sein Schicksal akzeptiert, findet man innere Ruhe und Gelassenheit und befreit sich von unnötigen Sorgen und Ängsten, da alles, was geschieht, vorherbestimmt ist. Wenn das Schicksal einen Menschen nicht reich gemacht hat, kann es ihm den Reichtum auch nicht nehmen.

NICHT DER IST UNGLÜCKLICH, DER AUF BEFEHL ETWAS TUT, SONDERN DER, DER ES WIDERWILLIG TUT.

SENECA, BRIEFE AN LUCILIUS

Seneca spricht sich gegen das widerwillige Tun von Dingen aus, denn wahre Freiheit und Gelassenheit liegen darin, dass man seine Handlungen mit Überzeugung und Entschlossenheit ausführt. Widerwilliges Handeln kann dagegen zu innerer Unruhe, Unzufriedenheit und Konflikten mit den eigenen Werten führen.

Wir haben die Freiheit, unsere eigenen Handlungen und Einstellungen zu wählen. Und doch kann es durchaus sein, dass wir einen Befehl mit Freude ausführen, wenn er im Einklang mit den eigenen Werten ist. Dem Befehl »Rette das Kind« würde jeder Mensch nachkommen, selbst wenn es einiger Anstrengung bedarf.

ALLES SITTLICHE GUTE SETZT DIE FREIHEIT DES ENTSCHLUSSES VORAUS.

SENECA, BRIEFE AN LUCILIUS

Für die Stoiker, einschließlich Seneca, ist die sittliche Güte, die Tugend, das höchste Gut. Die vier Haupttugenden sind Weisheit (Sophia), Gerechtigkeit (Dikaiosyne), Tapferkeit (Andreia) und Mäßigung (Sophrosyne). Sie glauben, dass die Tugendhaftigkeit der Schlüssel zu einem erfüllten Leben ist.
Wahre Freiheit liegt darin, die eigenen Leidenschaften, Begierden und Emotionen zu kontrollieren und von äußeren Umständen unabhängig zu sein. Diese innere Freiheit ermöglicht es einem, rational und vernunftgeleitet zu handeln. Die Freiheit des Entschlusses liegt darin, die eigenen Handlungen auf der Grundlage der Vernunft und der Tugend auszuführen.
Wer seine Entscheidungen also frei trifft und sich von den Tugenden leiten lässt, handelt sittlich gut.

ES STEHT MIT DEM LEBEN ÄHNLICH WIE MIT EINEM THEATERSTÜCK: NICHT AUF DIE LÄNGE KOMMT ES AN, SONDERN AUF DIE GÜTE DES SPIELS.

SENECA, BRIEFE AN LUCILIUS

Ein tugendhaftes Leben erfordert einen Lebensstil, der von moralischen Prinzipien, ethischen Werten und positiven Charaktereigenschaften geleitet wird. In der stoischen Philosophie, wie sie von Seneca vertreten wird, ist die Tugendhaftigkeit das höchste Gut und das ultimative Ziel des menschlichen Lebens. Dazu gehören Weisheit, Gerechtigkeit, Tapferkeit und Mäßigung. Diese Tugenden dienen als Richtschnur für das Handeln und Entscheiden in verschiedenen Lebenssituationen.
Ein solch tugendhaftes Leben zielt darauf ab, eine innere Gelassenheit und Zufriedenheit zu finden, unabhängig von den äußeren Umständen. Ob also die Lebenszeit kurz oder lang ist, ist für ein glückliches und er-

fülltes Leben nicht von Bedeutung. Nicht die Länge unserer Lebenszeit ist ausschlaggebend, sondern wie wir unser Leben in der uns gegebenen Zeit führen.

DIE PHILOSOPHIE LEHRT HANDELN, NICHT REDEN, SIE FORDERT, DASS JEDER GETREU SEINEM INNEREN GESETZ LEBE, DASS DAS LEBEN MIT DER REDE NICHT IN WIDERSPRUCH STEHE, DASS DAS LEBEN, INNERLICH GENOMMEN, IN ALLEN SEINEN HANDLUNGEN DURCHGEHEND DIE NÄMLICHE FÄRBUNG ZEIGE.

SENECA, BRIEFE AN LUCILIUS

Philosophie und Lebenspraxis sind eng miteinander verbunden und beeinflussen sich gegenseitig. Die philosophische Reflexion trägt dazu bei, eine fundierte Lebenspraxis zu entwickeln, während die Erfahrungen aus dem praktischen Leben wiederum neue Fragen und Perspektiven für die Philosophie aufwerfen.

Die Philosophie ist nicht nur ein theoretischer Diskurs, sondern findet auch eine Anwendung im praktischen Leben. Sie erweitert unser Denken, beeinflusst unser Handeln und fördert das tiefere Verständnis von uns selbst und unserer Welt. Unabdingbar ist jedoch, dass wir unsere gewonnenen Erkenntnisse auch selbst umsetzen und nicht »Wasser predigen und Wein trinken«.

DAS VERDANKT ER DER PHILOSOPHIE: SIE MACHT IHRE JÜNGER HEITER AUCH ANGESICHTS DES TODES UND VERLEIHT TROTZ KÖRPERLICHER UNZULÄNGLICHKEIT DOCH FREUDIGEN MUT UND KRAFT, SO SEHR AUCH DIE LEIBESKRAFT VERSAGT.

SENECA, BRIEFE AN LUCILIUS

Die Philosophie kann eine Quelle der Kraft und des Trostes sein, wenn es um die Angst vor dem Tod geht – indem wir versuchen, eine tiefere Bedeutung und Sinnhaftigkeit im Leben zu finden und eine andere Perspektive auf die Sterblichkeit zu entwickeln. Wenn wir den Tod als einen unvermeidlichen Teil des Lebens akzeptieren, können wir uns darauf konzentrieren, das Beste aus unserem Leben zu machen und unsere Zeit auf der Erde sinnvoll zu nutzen. Durch die bloße Akzeptanz des Todes können wir die Angst vor dem Unvermeidlichen reduzieren und uns dem Hier und Jetzt widmen. Indem wir uns bewusst machen, dass unser Leben begrenzt ist, ist es leichter, Prioritäten zu setzen und unsere Zeit sinnvoll zu gestalten. So werden wir, auch wenn wir alt und gebrechlich sind, auf ein erfülltes Leben zurückblicken und gelassen dem entgegensehen, was kommt.

WAS DIE PHILOSOPHIE ANLANGT, SO WEIST SIE NIEMANDEN ZURÜCK UND BEVORZUGT NIEMANDEN: SIE LEUCHTET ALLEN.

SENECA, BRIEFE AN LUCILIUS

Philosophie ist keine exklusive Disziplin, die nur für bestimmte Menschen zugänglich ist. Jeder, der ein Interesse an grundlegenden Fragen über das Leben und die Welt hat, kann sich mit philosophischen Ideen und Themen beschäftigen. Alles, was man braucht, ist Offenheit für komplexe und oft abstrakte Konzepte, kritisches Denken und die Bereitschaft, sich mit unterschiedlichen Perspektiven auseinanderzusetzen. Nicht alle Fragestellungen führen zu konkreten Antworten, oft dient die Philosophie vielmehr dazu, die Fragen zu formulieren und Unsicherheiten zu erkennen. Philosophie kann jedoch für jeden Menschen bereichernd sein, unabhängig von Alter, Hintergrund oder Beruf, da sie das Denkvermögen schärft und eine differenzierte Sicht auf die Welt ermöglicht.

WILLST DU WISSEN, WAS DIE PHILOSOPHIE DEM MENSCHENGESCHLECHT VERHEISST? GUTEN RAT!

SENECA, BRIEFE AN LUCILIUS

Die Philosophie ist nicht nur auf Theorien und abstrakte Gedanken beschränkt, sondern findet auch praktische Anwendung in unserem rationalen Handeln. In der Praxis umfasst dies das kritische Denken, die Analyse von Argumenten und die Reflexion über grundlegende Fragen des Lebens, um ein tieferes Verständnis und eine kritische Perspektive auf die Welt und unseren Platz darin zu erlangen. Das philosophische Denken trägt also dazu bei, komplexe Fragen zu klären, Denkmuster zu erweitern und einen Raum für intellektuelle Offenheit und Diskurs zu schaffen. Auch in anderen Bereichen der Wissenschaft, der Kunst und der menschlichen Kultur spielen philosophische Fragestellungen eine wichtige Rolle.

LEBENSHILFE

WENN DU SCHARFSINNIG BIST, ZEIGE ES IN WEISEM URTEIL.

MARK AUREL, SELBSTBETRACHTUNGEN

Ein scharfer Verstand ist für die Stoiker ein wichtiges Instrument. Die richtigen Entscheidungen zu treffen, klare Gedanken zu fassen und diese in die Tat umzusetzen, macht ein Leben im Einklang mit der Natur erst möglich.
Doch was bedeutet das für uns? Emotionale Entscheidungen oder Entscheidungen aus Überheblichkeit haben Konsequenzen, die unserem Leben eine falsche Richtung geben können. Versuchen wir also, unseren Verstand einzusetzen, mögliche Folgen unseres Handelns vorherzusehen, angemessen zu reagieren, nicht impulsiv zu sein. Versuchen wir also, ein kluges Urteil zu fällen, indem wir das Für und Wider abwägen, kritisch sind und uns auf fundierte Fakten und Tatsachen verlassen.

VERMAGST DU ES, SO BELEHRE DEN FEHLENDEN EINES BESSEREN. WO NICHT, SO DENKE DARAN, DASS DIR FÜR DIESEN FALL NACHSICHT VERLIEHEN IST. SIND DOCH AUCH DIE GÖTTER GEGEN SOLCHE NACHSICHTIG, JA SIE SIND IHNEN SOGAR ZU GESUNDHEIT, REICHTUM UND EHRE BEHILFLICH. SO GÜTIG SIND SIE! AUCH DIR STEHT ES FREI, HIERIN DEN GÖTTERN ZU GLEICHEN, ODER SPRICH: WER HINDERT DICH DARAN?

MARK AUREL, SELBSTBETRACHTUNGEN

Für die Stoiker soll das eigene Verhalten stets ein Vorbild für andere sein. Sie streben danach, andere zu inspirieren und ihnen zu zeigen, wie man ähnliche Tugenden entwickeln kann. Doch nicht immer nehmen Menschen Rat an, nicht immer möchten Menschen auf ihre Fehler hingewiesen werden. Und manch einer sieht seine Fehler nicht ein. Hier gebietet die stoische Lehre Nachsicht. Aber nicht nur dem Fehlenden gegenüber, sondern auch sich selbst, wenn man nicht helfen konnte.

Um ein harmonisches Leben zu führen, müssen wir gütig und nachsichtig sein. Unsere Mitmenschen sollten wir so nehmen, wie sie sind, sofern sie nicht versuchen, uns vom rechten Weg abzubringen. Es ist nicht jedem vergönnt, aus Fehlern zu lernen. Wir können anderen nur unsere Unterstützung anbieten, sie ihnen aber nicht aufzwingen. Und wir dürfen uns selbst nicht vorwerfen, nichts getan zu haben, wenn unsere Hilfe nicht angenommen wird.

ES KOSTET MEHR MÜHE, AN GUTEN VORSÄTZEN FESTZUHALTEN ALS EDLE VORSÄTZE ZU FASSEN.

SENECA, BRIEFE AN LUCILIUS

Jeder, der dies liest, wird an die eigenen Neujahrsvorsätze denken. Vorsätze zu fassen ist die eine Sache, ein erster Schritt. Doch der zweite Schritt, die Vorsätze umzusetzen und dabeizubleiben, ist der schwierigere. Es bringt nichts, sich zu viele Dinge vorzunehmen, deren Verwirklichung eine komplette Veränderung des bisherigen Lebens erfordern würde. Klug ist es, sich realistische Ziele zu setzen, die man in einer angemessenen und absehbaren Zeit erreichen kann. Wer also ein glücklicheres Leben führen will, sollte Schritt für Schritt vorgehen. Und ist ein Vorsatz erfüllt, kann man die nächste Stufe in Angriff nehmen.

DREI DINGE SIND ES FERNER, DIE ZU VERMEIDEN MAN NACH EINER ALTEN REGEL BEFLISSEN SEIN MUSS: HASS, NEID, VERACHTUNG.

SENECA, BRIEFE AN LUCILIUS

Der Mensch sieht sich gern als höchstes und intelligentestes Wesen. Doch wie oft muss man erkennen, dass der Mensch eben auch schlechte Charaktereigenschaften hat, derer er sich entledigen muss, um glücklich zu leben. Wer vom Hass zerfressen wird, kann nicht mehr lieben. Wer nicht lieben kann, kann nicht geliebt werden. Auch Neid macht unglücklich, denn statt dankbar zu sein, für das, was man hat, möchte man haben, was andere besitzen. Wer immer nur nach dem Mehr des anderen trachtet, ist sich selbst nicht genug. Wir sollten uns all unserer Eigenschaften bewusst sein, den guten und den schlechten. Jene, die nach Weisheit streben, sollen wir pflegen, die zerstörerischen aber klein halten.

UNSER STREBEN MUSS DARAUF GERICHTET SEIN, GENUG GELEBT ZU HABEN. DIESES GLAUBENS IST NIEMAND, DER EBEN GERADE ERST JETZT ZU LEBEN BEGINNT. GLAUBE NICHT, DASS DEREN NUR WENIGE SEIEN: ES SIND NAHEZU ALLE. MANCHE FANGEN ERST DANN DAMIT AN, WENN SIE AUFHÖREN MUSSTEN. WENN DIR DAS WUNDERLICH VORKOMMT, SO WILL ICH NOCH ETWAS WUNDERLICHERES HINZUFÜGEN: MANCHE HABEN ZU LEBEN SCHON AUFGEHÖRT, EHE SIE ANFINGEN.

SENECA, BRIEFE AN LUCILIUS

Wie viele Menschen nehmen sich vor, zu einem bestimmten Zeitpunkt anzufangen zu leben, sei es aus Angst vor dem, was kommt, sei es aus praktischen Erwägungen. Doch jeder, der so denkt, verschwendet sein Leben, weil er es in die Zukunft verschiebt, auf einen Zeitpunkt, von dem er nicht weiß, ob er ihn erleben wird. Die meisten von uns sind zu sehr damit beschäftigt, einem Plan nachzuhängen oder Angst vor dem Morgen zu haben, statt im jeweiligen Moment zu stehen und zu leben. Merkwürdigerweise schwärmen reiche Menschen oft vom Glück der Ärmeren, weil sie die einfachsten Dinge genießen können. Menschen mit weniger Geld träumen dagegen vom Reichtum, weil sie glauben, dass sie das Glück mit Geld kaufen könnten. Aber wenn wir an einem Ort sind, von dem wir im Moment nicht fortkönnen, dann soll doch die Zeit, die wir hier verbringen, nicht vertan sein. Vielleicht scheint irgendwo anders die Sonne, aber macht es Sinn, darüber nachzudenken? Fragen wir uns lieber: Was können wir Schönes im Regen machen?

KÜMMERN SOLLTEN WIR UNS IMMER NUR UM DAS GEGENWÄRTIGE, DA UNS NUR DIESES, NICHT ZUKÜNFTIGES UND NICHT VERGANGENES, WIRKLICH LÄSTIGFALLEN KANN. UND UNFEHLBAR WIRD DIESE LAST GEMINDERT, WENN WIR DAS GEGENWÄRTIGE REIN SO NEHMEN, WIE ES IST, IHM NICHTS FREMDES HINZUDICHTEN UND UNS SELBER WIDERLEGEN, WENN WIR MEINEN, AUCH DIES NICHT EINMAL ERTRAGEN ZU KÖNNEN.

MARK AUREL, SELBSTBETRACHTUNGEN

Wird die Rente einmal reichen? Werde ich Hilfe benötigen? Es ist verständlich, sich Sorgen um die Zukunft zu machen. Doch was bedeutet das für die Gegenwart? In der stoischen Philosophie geht es nicht darum, dass man der Zukunft unvorbereitet gegenübertritt. Natürlich können wir die Möglichkeiten nutzen, um vorzusorgen. Aber es gibt uns keine Sicherheit, vielleicht wird alles anders kommen. Deswegen sollten wir vor allem im Hier und Jetzt ein aufrechtes und angstfreies Dasein führen. Beschäftigen wir uns mit dem, was uns im Moment zuteilwird. Können wir Geld für später zur Seite legen, so tun wir es ohne Angst, aber auch ohne das Gefühl einer Garantie. Wir tun es, weil es jetzt gerade möglich ist. Wir möchten im Alter gesund sein, also leben wir jetzt gesund und ernähren uns gesund. Wenn wir uns bewusst machen, dass der gegenwärtige Moment und damit auch die gegenwärtigen Lasten und Probleme schnell vergänglich sind, können wir besser damit umgehen.

WENN IN DEINER GEMÜTSVERFASSUNG ETWAS IST, WAS DICH BEKÜMMERT, WER HINDERT DICH, DEN LEITENDEN GEDANKEN, DER DIE STÖRUNG VERURSACHT, ZU BERICHTIGEN? EBENSO WENN ES DIR LEID IST, DAS NICHT GETAN ZU HABEN, WAS DIR ALS DAS EINZIG RICHTIGE ERSCHEINT, WARUM TUST DU ES NICHT LIEBER NOCH, SONDERN GIBST DICH DEM SCHMERZ DARÜBER HIN?

MARK AUREL, SELBSTBETRACHTUNGEN

»Ich habe einen Fehler gemacht.« Oder »Ich habe, obwohl ich wusste, was zu tun ist, es nicht getan« – solche Sätze hört man in den verschiedensten Situationen. Unabhängig vom Urteil anderer machen wir uns vor allem selbst Vorhaltungen.

Die stoische Philosophie wiederholt immer wieder, dass Vergangenes vergangen und Zukünftiges noch nicht geschehen ist. Wenn wir grübeln und uns über eine Sache Sorgen machen, beunruhigt uns nicht die Sache selbst, sondern unser Urteil darüber. Es steht in unserer Macht, dieses zu ändern und eine andere Sichtweise einzunehmen. Wenn wir einen Fehler gemacht haben, so liegt es an uns, ihn zu korrigieren. Wenn wir etwas Gutes hätten tun können, es aber zu einem bestimmten Zeitpunkt unterlassen haben, versuchen wir es später noch einmal, wenn wir uns über das Versäumnis klar geworden sind. Dann schieben wir es nicht mehr auf, sondern machen es. Und wenn andere uns daran hindern? Dann müssen wir uns nichts vorwerfen, da äußere Umstände uns davon abhalten. Die Überlegungen, die wir anstellen und die uns zu einem gewissen Urteil bringen, sollten wir auch in die Tat umsetzen.

Die Stoiker gehen pragmatisch mit Fehlern um: Sie betrachten Fehler nicht als Anlass zu Scham oder Selbstkritik, sondern als Gelegenheit zur Selbstverbesserung. Selbsterkenntnis, eigene Verantwortung, aus unseren Fehlern lernen und sie beheben – so entwickeln wir uns weiter. Zudem akzeptieren wir unsere eigene Unvollkommenheit, was dazu führt, dass wir uns nicht von Selbstzweifeln oder Schuldgefühlen überwältigen lassen.

WER SÜNDIGT, VERSÜNDIGT SICH AN SICH SELBST; BEGANGENES UNRECHT FÄLLT AUF DEN URHEBER ZURÜCK, INDEM ER SICH SELBST VERSCHLECHTERT.

MARK AUREL, SELBSTBETRACHTUNGEN

Die Stoiker betonen unermüdlich die moralische Integrität, die Selbstbeherrschung und das rechte Handeln als Lebensgrundlage. Sie betrachten es als Pflicht aller Menschen, Unrecht zu vermeiden und stattdessen das Richtige zu tun.

Ein Mensch, der in vollem Bewusstsein etwas Falsches macht, schadet sich unweigerlich selbst und wird früher oder später dafür bestraft – weil er keine Menschen mehr um sich hat, die ihm vertrauen oder denen er vertrauen kann. Er lebt allein, vielleicht umgeben von bezahlten Lakaien, die ihn, sobald er sich wegdreht, mit Schmutz bewerfen oder erleichtert ausatmen, weil sie ihn losgeworden sind. Allerdings erkennen die Stoiker an, dass man aufgrund von Unwissenheit oder emotionalen Ausnahmesituationen ebenfalls Unrecht begehen kann. Hier reagieren die Stoiker mit Bedacht und versuchen, die Gründe zu verstehen.

Was bedeutet glücklich leben? Der Mensch ist ein soziales Wesen, das Leben in der Gemeinschaft ist ein Teil seiner Natur. Wer anderen bewusst Unrecht antut, entfernt sich von dieser Gemeinschaft und steht am Ende allein da. Man schadet sich selbst.

OFT TUT AUCH DER UNRECHT, DER NICHTS TUT. WER DAS UNRECHT NICHT VERBIETET, WENN ER KANN, BEFIEHLT ES.

MARK AUREL, SELBSTBETRACHTUNGEN

Es gibt Gelegenheiten, in denen wir uns selbst zum Nichtstun überreden, davon überzeugt, dass unsere Einmischung keine Lösung des Problems sein kann. Allerdings gibt es Situationen, in denen ein Eingreifen geboten ist, und man unterlässt es dennoch, sei es aus Faulheit, aus Angst oder aus vorgegaukeltem Zeitmangel. »Unterlassene Hilfeleistung«, Paragraph

323c, Strafgesetzbuch, ist ein Strafdelikt und bezeichnet die Verpflichtung, bei Unglücksfällen und in der Not zu helfen, soweit es möglich und zumutbar ist. Wer nichts tut, handelt unrecht, wer wegschaut, macht sich zum Mittäter. So sieht es unser Gesetzgeber und so sahen es bereits die Stoiker vor 2000 Jahren.

ARBEIT

... UND WILLST DU DICH EINMAL IN ARBEIT UND AUSDAUER ÜBEN, SO TUE ES FÜR DICH UND NICHT FÜR DIE LEUTE.

EPIKTET, HANDBÜCHLEIN DER STOISCHEN MORAL

Wer in einem Büro mit einem Kollegenteam sitzt, kennt Kollegen, die mit Ordnern vollgepackt von Arbeitsplatz zu Arbeitsplatz laufen, um zu erklären, dass sie so viel Arbeit haben, die sie eigentlich nicht schaffen können. Ein offensichtlicheres Zurschaustellen von (angeblicher) Arbeit ist kaum möglich.

Die Stoiker betonen, dass es nicht nur auf die äußeren Umstände ankommt, sondern vor allem auf die eigene innere Einstellung zur Arbeit. Selbst wenn die Arbeit anspruchsvoll oder mühsam ist, sollten wir versuchen, eine Haltung der Gelassenheit und Akzeptanz zu entwickeln. Die Arbeit wird nicht besser, wenn wir sie machen, um anderen unsere Fähigkeiten unter Beweis zu stellen. Eine Arbeit ist dann gut, wenn wir sie für uns selbst nach bestem Wissen und Gewissen erledigen.

SEI IN DEINEM TUN NICHT FAHRLÄSSIG, IN DEINEN REDEN NICHT VERWORREN, IN DEINEN GEDANKEN NICHT ZERSTREUT; LASS DEIN GEMÜT NICHT ENG WERDEN, NOCH LEIDENSCHAFTLICH AUFWALLEN, NOCH LASS DICH VON GESCHÄFTEN VOLLAUF IN BESCHLAG NEHMEN.

MARK AUREL, SELBSTBETRACHTUNGEN

Viele Menschen handeln unüberlegt, zerstreut und ohne Voraussicht. In manchen Fällen beneiden wir die angebliche Angstlosigkeit, meistens bemerken wir aber eher die negativen Auswirkungen. Eine Person schaut auf ihr Smartphone, geht bei Rot über die Ampel und wird fast überfahren, eine zweite akzeptiert Menschen mit anderer Herkunft nicht und wird engstirnig, eine dritte widmet sich nur noch einer Sache, dem

Beruf, und vereinsamt – all diese Personen schnüren sich die eigenen Möglichkeiten zu einem glücklichen Leben ab. Aufmerksamkeit, wenn sie geboten ist, sich selbst nicht zum wichtigsten Menschen machen und die Arbeit nicht über das Leben stellen: Wenn wir dies berücksichtigen, können wir uns weiterentwickeln, unsere Tugenden ausbauen und ein glücklicheres Leben führen. Wenn wir uns daran halten, können wir den Moment bewusst wahrnehmen. Je achtsamer wir eine Sache angehen, desto besser können wir nach Selbstverwirklichung streben und unsere positiven Qualitäten weiter stärken. Und so auch unsere Arbeit – für uns – verbessern.

WAS SOLLEN MIR JENE WASSERBECKEN MIT GEWÄRMTEM WASSER GEBEN? WAS SOLLEN MIR JENE SCHWITZRÄUME, IN DENEN TROCKENE HITZE DEN ANGESTRENGTEN KÖRPER WIEDER ENTLASTEN SOLL, GEBEN? ARBEIT SOLL ES SEIN UND NICHTS ANDERES, WODURCH WIR DEN ABFÜHRENDEN SCHWEISS ERZEUGEN.

SENECA, BRIEFE AN LUCILIUS

Für die Stoiker ist Arbeit eine gute Gelegenheit zur Selbstverbesserung. Während der Tätigkeit kann man seine Geduld, seine moralischen Werte und die Arbeitsweise selbst schulen. Die Arbeit ist also ein Teil der Möglichkeiten, ein erfülltes, tugendhaftes Leben zu führen. Alles, was uns davon abhält, uns weiterzuentwickeln, macht in den Augen der Stoiker keinen Sinn und ist Zeitverschwendung. Für sie ist die Arbeit also nicht nur ein Mittel, um den eigenen Lebensunterhalt zu verdienen, sondern auch eine Gelegenheit, die philosophischen Prinzipien in die Praxis umzusetzen.

JEDE ARBEIT MUSS ALSO IRGENDEINEN ZWECK, IRGENDEINE BESTIMMTE BEZIEHUNG HABEN!

SENECA, BRIEFE AN LUCILIUS

Viele Menschen werden durch die Arbeit krank. Manche bekommen einen Burn-out, wenn die Arbeit ihnen über den Kopf wächst, andere leiden am Bore-out-Syndrom, weil ihre Arbeit sie langweilt und unterfordert. Wiederum andere erkennen nicht, wofür sie etwas machen. Dabei geht es nicht nur um die große »Sinnfrage«, ob man mit seiner Arbeit einen Beitrag zur Rettung der Welt leistet. Es geht darum, ob die Arbeit, die man macht, zu etwas führt.

Gehen wir einer Tätigkeit nach, bei der nichts herauskommt, macht sie keinen Sinn, sie erfüllt keinen Zweck. Gehen wir einer Tätigkeit nach, bei der wir nicht wissen, ob und was danach passiert, erfüllt sie ebenfalls keinen Zweck. Umso wichtiger ist es, dass Arbeitgeber Mitarbeitenden auf allen Ebenen erklären, warum eine Arbeit ausgeführt wird und welchen Nutzen sie bringt.

DU MUSST IN DEIN GANZES LEBEN WIE IN JEDE EINZELNE HANDLUNG ORDNUNG BRINGEN, UND WENN DU DIR BEI ALLEN HANDLUNGEN SAGEN KANNST: ICH TAT NACH BESTEN KRÄFTEN, SO KANNST DU RUHIG SEIN, UND DASS DU DEINE GANZE KRAFT EINSETZTEST, DARAN KANN DICH NIEMAND HINDERN.

MARK AUREL, SELBSTBETRACHTUNGEN

Sich für die Dinge einzusetzen, an die man glaubt, ist eine wichtige Tugend für Mark Aurel, die umgekehrt auch eine Forderung ist: Wenn du etwas anfängst, dann richtig und mit voller Kraft und vollem Enthusiasmus. Wer eine Tätigkeit beginnt und gleichzeitig an viele andere denkt, kann dann nicht beurteilen, ob er es gut oder schlecht macht. Steht man zudem nicht hinter dem, was man macht, kann einen jeder davon abhalten.

Sich auf eine Sache zu konzentrieren sorgt für Ordnung im Leben. Seine Kraft zu bündeln und sich nicht zu viel vorzunehmen, verspricht Erfolg. Nicht nur für die angestrebte Handlung, sondern auch für das Weiterkommen im Leben. Umgekehrt bedeutet es, dass man jede Handlung wohl überlegt und sich darüber klar wird, ob man seine Zeit investieren soll, ob der Aufwand zu einem Ergebnis führt.

TUGENDEN

Verbringe den Rest deines Lebens nicht in Gedanken an andere, wenn sie keine Beziehung zum Gemeinwohl haben. Denn du versäumst damit die Erfüllung einer anderen Pflicht, wenn du deinen Geist damit beschäftigst, was dieser oder jener tut und warum, was er sagt, was er denkt oder vorhat usw., was dich von der Beobachtung deiner regierenden Vernunft abzieht. Du musst also aus deiner Gedankenreihe jeden Zufall, jedes Unnütze, jede Neugier und jede Arglist verbannen, musst dich gewöhnen, nur solche Gedanken zu haben, dass, wenn man dich plötzlich fragt, woran du denkst, du freimütig antworten kannst: An dies oder das; so dass man an deinen Gedanken erkennt, dass alles Einfachheit und Wohlwollen ist, wie es einem geselligen Wesen geziemt, dass du nicht an blosses Vergnügen oder irgendeinen Genuss denkst, nicht an Hass, Neid, Argwohn oder sonst etwas, dessen Geständnis dich schamrot machen müsste. Ein solcher Mann, der nicht versäumt, sich in der Tugend zu vervollkommnen, ist wie ein Priester und Diener der Götter, innig vertraut mit der Gottheit, die in ihm ihren Tempel hat, die ihn unbefleckt von Lüsten, unverletzbar von Schmerzen, ungebeugt von Kränkung erhält; sie macht ihn unempfindlich gegen jegliche Schlechtigkeit, macht ihn zum Helden im grössten aller Kämpfe, über alle Leidenschaften zu siegen, tief durchdrungen von Gerechtigkeitsliebe, im Grunde seines Herzens alles willig hinnehmend, was ihm zustösst und zuteilwird.

Mark Aurel, Selbstbetrachtungen

Nicht die Beschäftigung mit dem, was andere sagen oder machen es sei denn, es handelt sich um Vorbilder für tugendhaftes Verhalten ist für die Stoiker erstrebenswert, sondern das Ausbilden der eigenen Tugenden: Weisheit, Gerechtigkeit, Tapferkeit und Mäßigung. Wenn wir also klar denken, einsichtig sind und vernünftig handeln, sind wir geschützt vor dem Schlechten. Und wenn wir diese Tugenden in allen Aspekten unseres Lebens ausüben, werden wir frei in unserem Denken und frei in unserem Handeln.
Mark Aurel vergleicht hier den Tugendhaften mit dem Göttlichen. Was bedeutet das für uns? Mit jedem Augenblick, den wir bewusst und tugendhaft erleben, nähern wir uns moralischer Exzellenz. Je stärker wir uns darauf fokussieren, desto stärker werden wir gegen Angriffe von außen und desto stärker werden wir für die, die unsere Hilfe nötig haben.

MÖGE JEMAND TUN ODER SAGEN, WAS ER WILL, MIR GEBÜHRT ES JEDENFALLS, RECHTSCHAFFEN ZU SEIN; EBENSO WIE WENN DAS GOLD ODER DER SMARAGD STETS SAGEN WÜRDEN: TUE ODER SAGE EINER, WAS ER WILL, ICH WERDE DOCH EIN SMARAGD BLEIBEN UND MEINE FARBE BEHALTEN.

MARK AUREL, SELBSTBETRACHTUNGEN

Die Bewahrung von Tugend und moralischer Integrität in allen Lebensbereichen ist ein zentrales Element der stoischen Philosophie. Unabhängig von den äußeren Umständen tugendhaft zu handeln und sich seiner inneren Qualitäten bewusst zu sein, ist das erstrebte Ziel.
Wir alle kennen Zweifel oder Situationen, die uns von unserem Weg abbringen wollen. Doch die Tugenden Weisheit, Gerechtigkeit, Tapferkeit, Mäßigung, Transzendenz, Barmherzigkeit, Aufrichtigkeit und Bescheidenheit sind die Grundpfeiler für ein erfülltes Leben. Sind wir uns dieser Tugenden sicher, kann uns nichts erschüttern und niemand kann uns vom Gegenteil überzeugen.

VERLUST

UND WENN DU DREITAUSEND JAHRE LEBTEST, SELBST DREISSIGTAUSEND, SO ERINNERE DICH DENNOCH, DASS KEINER EIN ANDERES LEBEN VERLIERT ALS DAS, WAS ER WIRKLICH LEBT, UND KEIN ANDERES LEBT ALS DAS, WAS ER VERLIERT. DAS LÄNGSTE LEBEN KOMMT ALSO MIT DEM KÜRZESTEN AUF EINS HINAUS. DER GEGENWÄRTIGE ZEITPUNKT IST FÜR ALLE VON GLEICHER DAUER, WELCHE UNGLEICHHEIT ES AUCH IN DER DAUER DES VERGANGENEN GEBEN MAG, UND DEN MAN VERLIERT, ERSCHEINT NUR WIE EIN AUGENBLICK; NIEMAND KANN WEDER DIE VERGANGENHEIT NOCH DIE ZUKUNFT VERLIEREN, DENN WIE SOLLTE MAN IHM DAS RAUBEN KÖNNEN, WAS ER NICHT BESITZT? MAN MUSS SICH ALSO DIESE BEIDEN WAHRHEITEN MERKEN, DIE EINE, DASS ALLES SICH IM EWIGEN, UNVERÄNDERLICHEN KREISLAUF BEFINDET, UND DASS ES VON KEINER WICHTIGKEIT IST, DIESELBEN DINGE HUNDERT ODER ZWEIHUNDERT JAHRE ODER EINE GRENZENLOSE ZEIT ZU BEOBACHTEN; DIE ANDERE, DASS DER IM HÖCHSTEN LEBENSALTER UND DER SEHR JUNG STERBENDE BEIDE DAS GLEICHE VERLIEREN. SIE VERLIEREN NUR DEN GEGENWÄRTIGEN ZEITPUNKT, WEIL SIE NUR DIESEN ALLEIN BESITZEN UND WEIL MAN DAS, WAS MAN NICHT BESITZT, NICHT VERLIEREN KANN.

MARK AUREL, SELBSTBETRACHTUNGEN

Den Tod als Teil unserer Existenz anzunehmen, ist für die Stoiker die Voraussetzung, das Leben bewusst und tugendhaft führen zu können. Wer den Tod, zu welchem Zeitpunkt auch immer, nicht akzeptiert oder ausklammert, kann den Moment nicht mehr richtig leben, weil er das Leben aufschiebt oder darüber trauert, dass jemand nicht mehr da ist. Vielleicht hat aber die Person, die wir verloren haben, jeden Tag genossen und nichts vermisst – wieso wollen wir dann ein langes Leben ohne Glück höher einstufen?

Aus heutiger Sicht mag es einem kalt vorkommen, als ob die Stoiker beim Verlust eines Menschen keine Trauer zulassen. Aber der Tod ist ein natürlicher Bestandteil des Lebens, ein unvermeidliches Schicksal. Sie ermutigen dazu, sich an die positiven Dinge zu erinnern, sich dem Menschen verbunden zu fühlen und sich nicht der Trauer hinzugeben. Und ebenso sollten wir unser eigenes Leben angehen: Nicht aus Angst vor dem Tod aufhören zu leben, sondern jeden Moment wahrhaftig machen. Dann wird der Tod seinen Schrecken verlieren.

DENKE NICHT AN FEHLENDE GÜTER, VIELMEHR AN DAS, WAS JETZT FÜR DICH DA IST, UND WÄHLE DIR UNTER DEN VORHANDENEN GÜTERN DIE KOSTBARSTEN AUS UND ERINNERE DICH, WELCHE ANSTRENGUNGEN DU IHRETHALBEN AUF DICH NEHMEN WÜRDEST, UM SIE ZU ERLANGEN, WENN SIE DIR FEHLTEN. JEDOCH HÜTE DICH ZUGLEICH, DASS DIESES WOHLGEFALLEN DARAN DICH NICHT DAZU BRINGT, DICH AN SIE ZU GEWÖHNEN, DENN SONST WÜRDE IHR EINSTIGER VERLUST DICH NUR BEUNRUHIGEN.

MARK AUREL, SELBSTBETRACHTUNGEN

Nicht nur einen geliebten Menschen kann man verlieren, auch seinen Arbeitsplatz oder seinen Besitz. Manch einem bedeutet der eigene Besitz alles, was heißt, dass er auch alles verlieren kann. Erst wenn man den Besitz als etwas ansieht, das einem gegeben wurde, aber auch wieder genommen werden kann, ist man bereit, sich den Dingen zu widmen, die wirklich wichtig sind.
Materielle Güter können dabei unterstützen, ein erfülltes Leben zu führen, jedoch machen sie allein nicht glücklich. Erst die Konzentration auf den Moment unter Berücksichtigung der Tugenden macht ein glückliches Leben möglich.

EIN VERLUST IST WEITER NICHTS ALS EINE VERÄNDERUNG, SO, WIE DIE NATUR SIE SEIT JEHER MIT GROSSER WEISHEIT VORLEBT UND SIE ES FÜR IMMER TUN WIRD.

MARK AUREL, SELBSTBETRACHTUNGEN

Die Gesetze der Natur sind unveränderlich, und die Natur sorgt selbst dafür, dass Entwicklung stattfinden kann. Spätestens seit Charles Darwins Evolutionstheorie ist uns bekannt, dass Lebewesen sich weiterentwickeln, verbessern, stärker werden, sich neuen Gegebenheiten anpassen. Wenn wir uns klarmachen, dass Verlust nur eine Veränderung ist, die dazugehört, dann kann sich diese auch nicht negativ auf unser Leben auswirken. Erst wenn wir einen Zustand erhalten wollen, ihn festzuhalten versuchen, sorgt der Verlust für ein unglückliches Leben. Wir waren nicht bereit für die Veränderungen, obwohl wir wissen, dass diese jederzeit möglich sind.
Der Verlust eines Menschen, der Arbeitsplatzverlust, der Verlust der Kräfte im Alter – wir alle kennen diese Veränderungen. Sie für sich selbst auszuschließen bedeutet aber, sich den Gesetzen der Natur zu widersetzen, und damit den Herausforderungen nicht gelassen entgegenzusehen, sondern ängstlich aufs Morgen zu warten.

SIEHST DU JEMAND IN TRAUER, WEIL SEIN SOHN IN DIE FERNE GEREIST IST, ODER WEIL ER SEIN VERMÖGEN VERLOR, SO BILDE DIR NICHT EIN, DASS DIESER MENSCH DURCH DEN VERLUST DER ÄUSSEREN DINGE UNGLÜCKLICH SEI, SONDERN VERGEGENWÄRTIGE DIR: »NICHT DER VERLUST BESCHWERT IHN (DENN MANCHE ANDERE WÜRDEN JA DAVON NICHT GEPLAGT WERDEN), SONDERN DIE VORSTELLUNG, DIE ER DAVON HAT.«

EPIKTET, HANDBÜCHLEIN DER STOISCHEN MORAL

Es muss nicht der Tod eines geliebten Menschen sein, der uns traurig macht, auch die vorübergehende Abwesenheit des Kindes oder des Partners lässt uns schwermütig werden. Selbst bei finanziellen Nachteilen oder einem Schaden sind wir bedrückt und manchmal verzweifelt.
Mit »stoischer Gelassenheit« kann man dem entgegenwirken. Wenn wir die Sache rational betrachten und neu bewerten, kann das den emotionalen Schmerz lindern. Etwas zu verlieren gehört zum menschlichen Leben, praktisch qua Geburt. Wir werden ganz zum Schluss unser Leben verlieren und in der Zeit dazwischen auch Geld, Besitz, Haare … Diese Veränderungen anzunehmen, sie als Selbstverständlichkeit anzusehen, sorgt dafür, dass wir unsere Vorstellungen über sie anpassen und sie weniger furchteinflößend erscheinen. Und wir lassen etwas gehen und etwas kommen, gerade dort, wo wir selbst keinen Einfluss darauf haben.

GESUNDHEIT

SO IST KRANKHEIT EIN HINDERNIS DES KÖRPERS, NICHT DES WILLENS, INSOFERN DIESER SIE NICHT SELBST DAZU MACHT. HINKEN IST EIN HINDERNIS DES BEINES, NICHT DES WILLENS. SAGE DIR DAS BEI ALLEN KRANKHEITEN, DIE DICH EREILEN, SO WIRST DU FESTSTELLEN, DASS DIE GEBRECHEN STETS ETWAS ANDERES TUN, ALS DICH BEHINDERN.

EPIKTET, HANDBÜCHLEIN DER STOISCHEN MORAL

In der stoischen Philosophie wird körperliches Gebrechen als etwas angesehen, das es zu akzeptieren gilt. Erst die negative Einstellung dazu macht Krankheit zu etwas Schlechtem. Wenn wir aber annehmen, dass wir Einschränkungen und eventuell Schmerz erdulden müssen, befreit uns das einerseits von Schuldgefühlen (warum ich, was habe ich falsch gemacht?) und andererseits von Grübeleien und Ängstlichkeit.
Die geistige Einstellung macht hier den Unterschied. Leben wir gegenwärtig und versuchen, tugendhaft zu sein, macht die Krankheit nur einen geringen Teil unseres Daseins aus. Ruhe, Gelassenheit und geistige Gesundheit sind jedoch viel wichtiger und erlauben uns trotz körperlicher Einschränkungen ein glückliches Leben.

NACH ALTER SITTE, DIE SICH BIS IN MEINE ZEIT ERHALTEN HAT, WAR DIE ÜBLICHE EINGANGSFORMEL FÜR DEN BRIEF DIESE: »WENN DU WOHLAUF BIST, SO STEHT ES GUT, ICH BIN WOHLAUF.« WAS ABER UNS ANLANGT, SO HEISST ES FÜR UNS: »WENN DU PHILOSOPHIERST, SO STEHT ES GUT.« DENN DIESES ERST HEISST WOHLAUFSEIN. OHNE DIESES IST DIE SEELE KRANK. AUCH DER KRÄFTIGSTE KÖRPER KANN EBENSO WOHL EINEM RASENDEN ODER WAHNSINNIGEN ANGEHÖREN WIE EINEM VERNÜNFTIGEN. DAHER SORGE VOR ALLEM FÜR DIE GESUNDHEIT DER SEELE, DANN AN ZWEITER STELLE ERST FÜR DIE DES LEIBES, DIE DIR NICHT TEUER ZU STEHEN KOMMEN WIRD, SOFERN ES DIR AUF NICHTS WEITER ALS AUF GUTE GESUNDHEIT ANKOMMT.

SENECA, BRIEFE AN LUCILIUS

Die Gesundheit der Seele wird in der stoischen Philosophie über die körperliche Verfassung gestellt. Die Seele kontrolliert Emotionen und Impulse, die Tugenden und der Verstand haben ihren Platz in der Seele – sie gesund zu erhalten ist deshalb essenziell für ein glückliches Leben. Und das geht nur, indem man sich der Philosophie widmet und seine Tugenden bildet und stärkt. Seinen Geist zu fordern, tugendhaft zu handeln und den Einklang mit der natürlichen Ordnung zu suchen, sorgt für seelische Gesundheit. Ob der Körper funktioniert, sagt hingegen nichts darüber aus, ob die Seele leidet oder krank ist.
Auch Medizin und Psychologie setzen heutzutage bei der »Seele« an. Es ist längst bekannt, dass sich psychische Probleme auf den Körper auswirken können. Stress führt zu Bauchschmerzen, Liebeskummer zu Nahrungsverweigerung, Angstattacken zu Herzrasen. Wenn wir nicht auf unser Inneres hören, wenn wir es nicht schulen und pflegen, kann es uns krank machen und damit auch dem Körper schaden. Umso wichtiger ist es, unsere emotionale Resilienz zu stärken und uns weiterzuentwickeln.

DIE GESUNDHEIT DES KÖRPERS NÄMLICH GILT IMMER NUR FÜR EINE UNBESTIMMTE ZEIT, UND DER ARZT, DER SIE WIEDERHERSTELLT, KANN FÜR IHRE DAUER NICHT EINSTEHEN, ER WIRD HÄUFIG WIEDER ZU DEM FRÜHEREN PATIENTEN GERUFEN. DIE HEILUNG DER SEELE ABER, EINMAL VOLLFÜHRT, GILT FÜR IMMER.

SENECA, BRIEFE AN LUCILIUS

Man könnte sagen, die Stoiker machen es sich einfach, wenn sie behaupten, die körperliche Gesundheit stehe nicht im Fokus. Sie soll gerade so weit erhalten werden, dass der Geist wach bleibt. Zwar raten sie von fettigem Essen und übermäßigem Alkoholgenuss ab, jedoch auch von körperlicher Ertüchtigung. Durch die Annahme, dass nicht die Krankheit selbst das Problem sei, sondern die Einstellung dazu, gilt der Körper mehr als ein Gefäß für den Verstand.

Die Seele hingegen ist der Sitz der Vernunft und der Tugenden. Die Seele zu pflegen, bedeutet für die Stoiker Freiheit und ein erfülltes Leben. Sie ist das wesentliche Instrument des Menschen, das es ermöglicht, zu reflektieren, zu denken und Entscheidungen zu treffen. Durch die Entwicklung und Ausübung der Tugenden kann die Seele geheilt werden. Hat sich diese Erkenntnis durchgesetzt und ist man bereit, weiter an sich zu arbeiten, bleibt die Seele für immer gesund.

Was bedeutet das für uns heute? Ein wacher Geist kann in einem kranken Körper stecken. Es gibt viele Menschen, die Höchstleistungen vollbringen, obwohl ihnen die Natur Steine in den Weg gelegt hat. Stephen Hawking war einer von ihnen, sein Lebenswerk und seine Sicht auf das Universum haben Bestand. Er hat sich trotz seiner ALS-Erkrankung, die den Körper über einen langen Zeitraum immer weiter schwächt, nicht davon abbringen lassen, weiter zu forschen und zu lehren. Im Sinne der Stoiker war seine Seele geheilt.

Oft klingt es so einfach, was die Stoiker uns raten: Wir sollen tugendhaft leben und werden dadurch glücklicher. Aber schon eine einfache Erkältung sorgt bei vielen für Verzweiflung, Frust und Schmerz. Dagegen leben andere mit einer unheilbaren Krankheit voller Lebensfreude und ständig bemüht, Neues zu lernen und ihre Zeit zu nutzen. Wir sollten uns fragen, was uns unsere Gesundheit, vor allem die geistige, wert ist. Und uns dann auf das konzentrieren, was uns glücklich macht.

AUCH ERHÄLTLICH:

ISBN: 978-3-7553-0008-3
€ (D) 6,95

ISBN: 978-3-7553-0007-6
€ (D) 6,95

ISBN: 978-3-7553-0058-8
€ (D) 6,95

ISBN: 978-3-7553-0052-6
€ (D) 9,95

ISBN: 978-3-7553-0057-1
€ (D) 6,95

ISBN: 978-3-7553-0051-9
€ (D) 9,95

ISBN: 978-3-7553-0000-7
€ (D) 7,95

ISBN: 978-3-7553-0023-6
€ (D) 7,95

Unsere Titel erhalten Sie in jeder Buchhandlung oder unter www. heel-verlag.de